新课程标准下的高中地理教学及评价研究

池春刚 著

中国海洋大学出版社

·青岛·

图书在版编目（CIP）数据

新课程标准下的高中地理教学及评价研究 / 池春刚
著 . -- 青岛 : 中国海洋大学出版社 , 2021.8
　ISBN 978-7-5670-2893-7

　Ⅰ . ①新… Ⅱ . ①池… Ⅲ . ①中学地理课—教学研究
—高中 Ⅳ . ① G633.552

中国版本图书馆 CIP 数据核字 (2021) 第 163846 号

新课程标准下的高中地理教学及评价研究

出 版 人	杨立敏		
出版发行	中国海洋大学出版社有限公司		
社　　址	青岛市香港东路 23 号	邮政编码	266071
网　　址	http://pub.ouc.edu.cn		
责任编辑	郑雪姣	电　　话	0532-85901092
电子邮箱	zhengxuejiao@ouc-press.com		
图片统筹	河北优盛文化传播有限公司		
装帧设计	河北优盛文化传播有限公司		
印　　制	定州启航印刷有限公司		
版　　次	2021 年 8 月第 1 版		
印　　次	2021 年 8 月第 1 次印刷		
成品尺寸	170 mm×240 mm	印　　张	13.25
字　　数	235 千	印　　数	1～1 000
书　　号	ISBN 978-7-5670-2893-7	定　　价	69.00 元
订购电话	0532-82032573（传真）		18133833353

发现印刷质量问题，请致电 18133833353 进行调换。

P 前 言
reface

　　新课程标准（以下简称"新课标"）是基于发展学生综合素养和能力的纲领性文件，因此所有学科的教育教学活动都应该围绕新课标要求而开展。不管哪门学科的教师，在开展教育教学活动前，都要认真学习新课标，领会新课标精神，这样才有可能在教学理念和教学方式上进行改革，以及有的放矢地开展好教育教学活动。

　　《普通高中地理课程标准》（2017年版2020年修订）提出了一系列教学理念，如培养学生必备的地理学科核心素养，构建以地理学科核心素养为主导的地理课程，创新培育地理学科核心素养的学习方式，建立基于地理学科核心素养发展的学习评价体系。新的地理教材充分体现了这些教学理念，对传统的地理教学方法提出了挑战，也对地理教师自身的素质提出了更高的要求。

　　基础教育是科教兴国的奠基工程，对培养各级各类人才，促进社会主义现代化建设具有全局性、基础性、先导性的作用。所以，作为基础教育工作者，我们不能畏缩不前、不能以纲行事，要以新课标为指导，从封闭的教学方式中走出来，向开放式转变，培养和提高自身的教研和科研能力。在教学过程中，教师要有结合实际、大胆设想、积极实践、不断创新，根据课程的需要大胆地补充各类信息和材料，设计、把握自己的课堂教学；引导学生在学习过程中发现问题、分析问题和解决问题，从而使学生能够不断发展自我、完善自我；同时也可积极灌输自己的思想、情感，启发、引导、激励学生，培养学生的自主参与意识和积极探索精神，给予学生合理、正确、科学的评价和启发。

　　本书的撰写正是站在对新课标解读的基础上，结合笔者高中地理教学的经验，对高中地理教学及其评价展开的探索与研究。在高中地理教学层面，笔者对高中地理教学进行了理论性的阐述，分析了新课标下高中地理教学的变革，并总结了高中地理有效教学的途径。在高中地理教学评价层面，笔者在对高中地理教学评价进行综述的基础上，又依次从教师评价以及学生评价两个方面入手，对高中地理教学评价做了更为深入的探索。本书对于从事基础教育的教师，尤其是从事高中地理教育的教师具有一定的借鉴意义。但由于笔者水平有限，书中论述难免存在不足或疏漏之处，还请广大读者批评指正。

笔　者

2020 年 12 月

C 目 录
ontents

第一章 高中地理新课程标准解读

第一节 高中地理课程标准修订的背景

一、原课程标准需要进一步完善

（一）衔接问题有待考虑

首先，普通高中地理课程标准与义务教育地理课程标准的衔接问题有待考虑。衔接不好及产生的问题虽然不是由课程标准本身造成的，但对于存在的问题，普通高中地理课程标准必须予以正视。例如，由于初中三年级的学生不学地理、许多地区中考不考地理或地理在中考总分中占比非常小，学生对初中区域地理内容的遗忘较多，对普通高中选择性必修课程中的"区域发展"部分的内容学习有很大影响；学生在初中地理"地球与地图"部分的基础差，容易导致对普通高中必修课程中"地球运动"部分的知识理解困难。

其次，学科间衔接的问题也有待全盘考虑，地理与数学、物理学科间共同的基础知识应统筹设置。这有待与其他学科一起研究和讨论。

（二）课程内容广度有待调整

在《普通高中地理课程标准》（2017 年版 2020 年修订）中，学科知识系统的完整度不做强制要求，而根据认知理论的要求，基础知识不能空缺，它在完善知识结构、形成系统思维能力方面起重要作用。课程标准部分继承了教学大纲时代的一些特点即关注学科，力求保证地理知识的系统性，导致课程内容增多、覆盖面加宽，课时难以保证，致使基础知识的地位相对下降，影响了课程实施效果和课程目标的实现。虽然大家认识到课程覆盖面较宽，但很多高中地理教师仍然从一定的角度要求增加一些内容，尤其是高一必修教材中的内容，以使自然地理的知识体系更加完整，这种要求与地理课程的内容过多、覆盖面过广又产生了矛盾。错误的认识导致课程内容更多、覆盖面更广，以致可能会回归教学大纲时代。这就更加迫切地要求课程标准在修订过程中以学生发展为依据和目标，淡化学科系统性，进而考虑如何科学合理地减少课程内容，缩小课程内容的覆盖面。

（三）保障实施的措施条文应适当增加

新的地理课程理念、有力的推行措施使《普通高中地理课程标准》（2017年版2020年修订）呈现出旺盛的活力，但实施过程中出现的课程理念、课程实施与实施效果之间的反差反映了课程标准推行的实效性较差的情况。课程标准提出的教学建议、评价建议、教材编写建议和课程资源利用与开发建议等，为新课程的开展提供了良好的实施途径，但是这些建议并不具备强制性和保障性，执行保障不力，导致实施效果欠佳。因此，增强保障措施条目，就教学、评价、教材编写、课程资源利用与开发等方面的工作对各级管理部门的工作提出指导性的要求，使得课程实施保障有据可依。同时，在终端评价对新课程实际效果的影响方面，相关合作部门要考虑通过保障措施、规范评价操作，防止异化的评价操作干扰新课程的实施，影响课程理念贯彻和实施的效果。

二、时代发展对高中地理课程的影响

（一）社会发展的影响

1.可持续发展对高中地理课程的影响

自工业革命以来，人类一方面消耗大量的自然资源，如水资源、化石能源（石油、天然气等）、矿产资源、生物资源；另一方面制造出大量无法进入自然循环系统的"三废"污染物。此外，人类生产和生活活动对原有的生态环境造成破坏，产生诸多问题，如荒漠化，生物多样性减少，气候变暖以及人口增长与资源短缺、粮食生产的矛盾。这些问题造成的人口、资源、环境的尖锐矛盾使人类开始反思自身发展与自然的关系，从而孕育出可持续发展的理念，诞生出生态文明。

生态文明全面更新了人的理念，是人类最普遍、最重要的进步。社会伦理从人与人之间扩大到人与生物之间、人与环境之间，保护环境、尊重生命成为新的伦理道德规范。共同保护地球成为全人类超越国家、民族以及意识形态阻隔的价值观基础。高中地理课程是环境教育不可替代的载体，帮助学生认识当前的资源、环境问题，培养其生态文明的道德观念，树立人与自然是生命共同体及可持续发展观念，成为高中地理课程的时代重任。

2. 信息技术对高中地理课程的影响

进入信息时代后，互联网技术快速发展，一方面带来了知识与信息的"大爆炸"，信息传递速度加快，特别是随着智能手机等移动终端的普及，我们进入了移动互联的时代，可以随时随地与世界保持联系。知识之间相互碰撞与交融，产生新的思想火花新的知识。知识的更新周期变短，出现"海量"信息。另一方面，在互联网思维的推动下，互联网技术与传统行业进行深度融合，创造出"互联网 +"这一新经济发展形态。信息时代下，互联网技术的发展也给高中地理课程带来了机遇与挑战，传统的地理教学模式正受到在线教育等互联网教育模式的挑战，同时学生获取信息的渠道更加多元，各种智能手机应用程序层出不穷，这在一定程度上改变了地理的教育与学习方式。因此，如何将高中地理课程与互联网进行深度整合将是未来高中地理课程必须面对的问题。

（二）文化发展对高中地理课程的影响

文化是人类所创造的物质财富与精神财富的总和，是凝结在物质之中又游离于物质之外的。文化包括物质文化、精神文化和制度文化。文化发展对于地理课程的影响，既体现在区域文化景观的变化和差异方面，又体现在国家和地区文化内涵与精神文明方面。除了传统的物质文化、精神文化对地理课程产生的影响之外，教师应当给予制度文化高度的重视。

1. 物质文化发展的影响

物质文化是文化要素或者文化景观的物质表现方面，包括饮食、服饰、建筑、交通、生产工具、乡村、城市等。物质文化随着社会经济水平的提高呈现多样化发展的趋势，世界各地的文化景观正发生着巨大变化，并深刻影响着人们的生活方式和居住环境。因此，普通高中地理课程既要展现世界各地物质文化景观的发展与变化，又要体现世界文化发展的区域差异及地域文化在城乡景观上的表现，从而使学生认识人类活动与物质文化环境的相互关系，促进人地观念的发展。

2. 精神文化发展的影响

精神文化是人类在从事物质文化生产的基础上产生的一种人类所特有的意识形态。普通高中地理课程在精神文化方面的教育作用主要体现在弘扬热爱家乡与祖国的家国情怀、欣赏地理景观与自然之美的地理审美情趣，以及理性看待人地关系的可持续发展观点。

家国情怀表现为在认知周围社区、地方、国家的地理特征的基础上，了解不同地区的文化和历史变迁，让学生树立国家认同感。地理审美情趣是学生地理素养的展现，普通高中地理课程中美育的核心是立足于人类与环境的协调美，即人与自然高层次的和谐统一，追求古人提倡的"天人合一"的高尚境界。地理课程要加强地理美学和审美情趣方面的内容，一方面要介绍世界各地的美妙景观、特色城市和优美建筑，告诉学生美在哪里；另一方面还要引导学生去分析本地区的景观特色和文化风格，在此过程中提高学生的学习兴趣，陶冶学生的艺术情操。此外，人地关系经历了"地理环境决定论""人类意志决定论""或然论"到现在的"可持续发展论"的演变过程，人类对人地关系的认识越来越深刻，对人地关系的认识也是人类重要的精神文化财富。

3. 制度文化发展的影响

制度文化是人类为了自身生存、社会发展的需要而主动创制出来的有组织的规范体系，反映了人与环境（包括他人）、个体与群体之间的关系。为了保障人类与环境的协调发展，人类社会制定了一系列规章制度作为人地关系协调发展的行为准则。人地关系协调发展是普通高中地理课程学科核心素养的体现，因此普通高中地理课程有责任教育学生理解、遵守有关协调人地关系、保护环境的制度与法规。通过地理实践活动、法律教育，教师要向学生宣传环保法规常识，树立学生保护环境的法律意识，参与环境保护的法律实践，切身感受、体验与实践；鼓励学生将所学习的环境保护法规付诸实践，转化为行为，增强地理实践能力，为未来社会培养能够维护可持续发展和具有环境保护意识的公民。

第二节　高中地理新课标要求的核心素养

一、高中地理核心素养的四大核心要素

依据核心要素的遴选应具备指导性、时代性、地理性、实践性和可接受性等原则，同时按照遴选结果水平层次应当一致的规定，本书认为高中地理核心素养要素应该包括空间认知、区域认知、人地观念、时间视角、综合思维、地理实践力、地图技能、全球化意识、生存能力、尺度关联、地理表达、地理工具与技术等。

高中地理课程标准修订工作组在考量地理学科的本质和国际地理教育改革趋势这两个因素的基础上，遴选出地理核心素养的要素包含地理探究、空间、人和环境的相互关系、可持续发展、时空变化等 25 个高频核心素养关键词。高中地理课程标准修订工作组依据一定原则和要求，对这些地理高频核心素养关键词进行了筛选和归纳，选定出四个地理学科核心素养，即人地协调观、综合思维、区域认知、地理实践力。

将本书核心素养要素初步遴选结果按高中地理课程标准修订工作组选定的四大核心素养内涵进行合并，结果如图 1-1 所示。

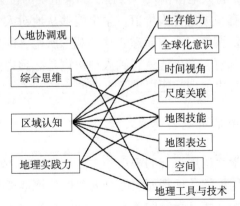

图 1-1　初步遴选的核心素养要素依据四大核心素养内涵合并的结果

由图 1-1 可知，在调查结果的基础上初步遴选出来构建地理核心素养体系模型的要素均可合并到四大核心素养中。

二、核心素养各要素的内涵解读与意义

（一）人地协调观的解读与意义

所谓人地协调观，简单来说，就是人们对人类与地理环境之间关系秉持的正确的价值观。具体表现为三点：①能够理解自然环境是人类生存、发展的基础，并能够辩证看待自然环境对人类活动的各种影响；②能够理解人类活动影响地理环境有不同的方式、强度和后果，懂得尊重自然规律的重要性和必要性；③能够分析评价现实人地关系问题，理解协调人地关系的措施与政策。

人地协调观是现代地理学和地理教育的核心观点，着重体现在人们如何看待地理环境对人类活动的影响、人类活动对地理环境的影响以及地理环境与人类活动的相互作用等问题上。目前，人地协调发展的思想已经深入人心。对于如何协调发展，我国提出了五大发展理念，即"创新、协调、绿色、开放、共享"，其中对于绿色发展理念，党的十八届五中全会明确提出"形成人与自然和谐发展的现代化建设新格局，推进美丽中国建设，为全球生态安全做出新的贡献。促进人与自然和谐共生，构建科学合理的城市化格局、农业发展格局、生态安全格局、自然岸线格局，推动建立绿色低碳循环发展产业体系。加快建设主体功能区，发挥主体功能区作为国土空间开发保护基础制度的作用"等，将人地协调发展摆在了非常重要的位置。

人地协调观具有积极的育人价值，学生能够从地对人的影响、人对地的影响、人与地如何协调等多个方面理解这一观念所包含的见解和观点，在分析解决各种地理问题时，学生能认识到人地协调是必须遵照的基本观点；同时，它也为分析和解决地理问题提供了有效的途径。

（二）综合思维的解读与意义

综合思维是指学生运用综合的观点和方法认识地理环境的思维品质和能力。具体表现在：①能够从地理要素综合的角度认识地理事物的整体性，以及地理要素相互作用、相互影响的关系；②能够从空间和时间综合的角度分

析地理事物和现象的发生、发展和演化；③能够从地方或区域综合的角度分析地方或区域自然和人文要素对区域特征形成的影响，以及区域人地关系问题。

1.要素的综合

地理环境是由多要素组成的，对要素进行综合分析，是我们认识地理环境特点或地理现象成因的最基本的方法。要素的综合分析体现了地理学研究的综合性特点。要素综合研究有不同的层次：两个要素相互关系（如气候和水文的关系或土壤和植被的关系）的综合研究，是低层次的综合研究；多个要素相互关系（如地貌、水文、气候、植被和土壤的关系或聚落、城市、交通、政治的关系）的综合研究，是中层次的综合研究；地球表面全部要素（包括自然、经济、政治、社会文化等）之间相互关系的综合研究，是高层次的研究。

2.时空的综合

地理事物和现象的发生一定是在特定的时空框架中的。时空的综合分析体现了地理学研究的动态性特点。地理事物和现象无论是自然的或是人文的，都是不断变化的。因此，我们要用动态的观点研究地理事物和现象，以发现其发生、发展及其演变规律。

3.地方的综合

地理学特性视角之一是对地方的重视，地方的综合分析关照了地理学研究的区域性特点，通过对地方地理环境要素及时空变化的分析，可以获得对人地关系地域系统的地方性解释。

要素综合、时空综合、地方综合三者不是割裂的，而是相互联系的。

培养和训练学生的综合思维，旨在使学生能够多要素、多角度，而非孤立、绝对、静止地分析地理事物和现象；能够辩证地，而非僵化地分析人地关系问题。据此，地理新课标给出了针对综合思维的培养目标：学生能够形成从综合的视角认识地理事物和现象的意识，对地理各要素之间的相互作用关系有较强的分析能力，并在一定程度上解释地理事物和现象发生、发展的过程，从而较全面地观察、分析和认识不同地方的地理环境特点，辩证地看待地理问题。

（三）区域认知的解读与意义

区域认知是人们运用"空间—区域"的观点和方法认识地理环境的思维品质和能力。区域认知是一种认识地球表面复杂性的思维方式。地球的面貌千姿百态，地理事物和现象纷繁复杂，如何将这看似"杂乱无章"的地球理出"头绪"来？这就需要有一种地理学特有的思维方式——把世界划分为区域。划分区域是认识、解释、概括空间的需要，借助这种策略，可使地球表面的复杂多样性变得可以理解。

区域认知的具体表现有三个方面。①具有从区域的视角认识地理现象的意识与习惯。从"空间—区域"的维度上探寻地球表面复杂多样的潜在空间秩序、空间规律是区域认知的基本内涵。②正确采用认识区域的方法与工具。把复杂多样的地球表面划分成区域加以认识，当然包括认识区域本身的位置、特征，与其他区域的差异、联系，等等。③评析区域开发利用状况。区域认知蕴含价值判断的成分的含义是，对人们所提出的区域开发利用的措施、对策等，要秉持正确的地理观念及一定的评价依据对其合理性或不足做出自己的价值判断。

培养学生的区域认知素养，有助于学生从区域的角度，分析和认识地理环境，以及它与人类活动的关系。据此，地理新课标给出了针对区域认知的培养目标：学生能够形成从空间—区域视角认识地理事物和现象的意识，对地理事物和现象的空间格局有较强的观察力，并运用区域综合分析、区域比较、区域关联等方法认识区域，简要评价区域现状和发展。

（四）地理实践力的解读与意义

地理实践力作为地理学科核心素养之一，既内化为隐性的素质，又外显为具体的行为。隐性的素质是一种意识、态度、精神等，外显的行为则是通过实践体现出来的可操作的、能够应对现实问题的能力。

1. 收集和处理地理信息的能力

收集和处理地理信息的能力主要表现为以下三个方面。

一是收集和处理地理信息的方法。获得信息的方法包括利用图书、网络等检索获得间接信息，通过实地考察、调研访谈等获得直接信息，通过动手实验获得探究和验证信息，通过现代技术获得更多原始信息和复杂关联信息等。所获得的信息数据是海量的，所以处理信息的方法尤为重要。方法的训练有助于对海量信息的筛选及快速检索，使信息成为有效的信息。建议教师在教学中通过布置任务、引导学生完成任务、有效评价任务完成质量等环节，让学生在承担任务、完成任务中获得收集和处理地理信息能力的提升。

二是信息意识。信息意识是一种敏锐的眼光，是能够从司空见惯的生活现象及复杂变化的现实世界中发现与地理相关的信息，并能够从大量信息中判断信息价值。教师在引导学生获取信息的过程中，应有意识地对信息进行分类，进一步对不同类型的信息的特点进行概括，帮助学生构建特色分明的信息分类体系，与此同时，要有意识地将信息与现实生活有机结合，融会贯通，从而不断增强"生活中处处皆信息"的信息意识。

三是问题意识。问题意识是提出问题的习惯，是质疑、批判、逆向等思维形成的前提。教师在教育教学过程中，应创设多样的情境，鼓励学生生疑、质疑，唤醒好奇心，刺激想象力，逐步形成问题引导发现、刺激想象、产生创意、解决问题的问题导向学习过程。

2. 设计地理实践活动方案的能力

设计地理实践活动方案的能力表现为以下三个方面。

一是合作态度。地理实践活动主要以团队的形式完成，这就需要有与他人团结协作的态度和能力，与他人交流与分享是完成实践活动方案的第一步。

二是设计创意。地理实践活动方案的设计要从问题出发，有目标、有步骤，而且要切实可行。

三是工具使用。地理实践活动可以使用的工具很多，如传统的地理图表、模型等，当下更提倡使用地理信息技术。地理信息技术为地理实践活动的开展提供了有力的支持，运用地理信息技术可以科学、高效、便捷地辅助信息解读和应用。因此，选择合适的地理信息技术，分析、判断地理问题，寻找解决方案，正逐渐成为数字时代必备的一种能力。

3. 实施地理实践活动的能力

实施地理实践活动的能力主要表现为以下两个方面。

一是实施活动。实施活动是指根据实践设计方案实地操作完成的过程。实施活动是"真枪实战"的过程，通过"实战"可以练就真本领。落实实施活动，需要教师提升自身的实践指导力，在实践过程中能示范、会讲解，更重要的是能够通过引导和评价启动学生自主行动的热情和行为。实施活动有助于提升学生的实践操作能力，建立静态接受与动态实操统一的行动能力系统。

二是体验和反思。体验和反思是指实践活动过程中的感悟和完成后的思考。实施能力的提升需要在实施过程中用心感悟。感悟是通过深入体验获得的，因此体验越细致、越深入，学生获得的感悟越多，实施能力就越强。体验后的思考是提高感悟力的重要环节。这种思考是反思型的思考，是理性的、总结性的思考，思考的方向主要是评价实施操作的利与弊，进一步找到弥补弊端的策略以备下一步行动。体验有助于更深地理解实践活动的环节，反思则有助于调整地理实践活动实施的策略，从而提升活动质量，提升实践活动能力。

地理实践力的培养，一定要把学生带到真实的复杂世界中，调动意识、磨炼意志、陶冶性情、开阔眼界，最终外显为在实践中的积极能动的态度、责任和独立生存能力。据此，地理新课标给出了针对地理实践力的培养目标：学生能够运用所学知识和地理工具，在室内、野外和社会的真实环境下，通过考察、实验、调查等方式获取地理信息，探索和尝试解决实际问题，具备活动策划、实施等行动能力。

第三节　高中地理新课标的教学解读

高中地理新课标的"教学与评价建议"部分突出在落实地理学科核心素养、解决地理教学中的重要问题、提高地理教学育人效果方面的导向作用。但是，"教学与评价建议"没有给出有关日常地理教学的全方位的建议，而是突出未来一段时期内具有导向意义、需要更多重视和探索的方面，包括重视问题式教学、加强地理实践、深化信息技术应用、开展思维结构评价和关注表现性评价。这几个方面具有较高的包容性，高中地理课程标准在过去的实践过程中提倡的自主学习、合作学习、探究学习都已融入其中。高中地理课程标准的"教学与评价建议"部分已经阐明这些方式方法的意义、概念、基本操作程序，并给出少量高度精练的案例，所以本节将结合重视问题式教学、加强地理实践、深化信息技术应用三个方面的内容，对高中地理新课程标准指导下的高中地理教学做进一步的阐述。

一、重视问题式教学

（一）问题式教学的内涵

问题式教学是用问题整合相关学习内容的教学方式。问题式教学以问题发现和问题解决为要旨，在解决问题的教学过程中，教师应引导学生运用地理的思维方式，建立与问题相关的知识结构，并能够由表及里、层次清晰地分析问题，合理表达自己的观点。教师要特别关注开放性的、没有标准答案的问题。

重视问题式课堂教学，设计问题是基础。问题的确定应考虑与实际情境相关联，可以覆盖若干条内容要求或教科书的若干章节，围绕问题，使教学内容的结构化与关联性更加突出。"问题"的呈现要利于学生发现未知，激发学生学习和探究的兴趣，利于学生创造性地解决问题。问题的设计需要依托情境，在选择情境时教师应考虑以下几个方面：贴近学生知识水平、生活实际和社会现实，使学生理解情境；蕴含问题，给学生提供探究的空间；体现关联性，让学生在一个贯穿全过程的情境中经历地理思维发展的过程；联系课程标准和地理教科书的内容，便于学生找到基本的依据和资源。

课堂教学设计建议关注以下六个方面。①以学生的认知水平和知识基础为起点设计教学。②围绕问题设计不同层次的问题链条，注重地理知识间的内在关联性，并将所学内容有逻辑地整合成可操作的学习链条。同时也要注意学习链条的设计只是预设，实际学习过程的展开要以学生的思维发展为线索，避免教师用问题链过度"牵引"学生的现象。此外，教师还要关注课堂生成问题，促进、激发学生发现问题、提出问题。③将完整呈现问题和相应情境作为学生学习的基础和背景，避免仅将情境作为导入的做法，要引导学生在充分理解情境的前提下展开学习。④让所有学生参与问题解决的整个过程，即使在分组学习时，也要避免每个小组仅负责解决问题的某个方面或某个环节的现象，以保证学生对地理问题的全面认识和综合思维的训练。⑤不论是演绎学习还是归纳学习，都要使学生能形成一定的地理知识结构框架，并综合地理知识解释和解决地理问题。⑥要提倡和鼓励学生呈现开放性思维，具有创新性表现。

（二）问题式教学的应用实例

1.教学内容

"大规模海水运动"是人教版高中《地理·必修1》的教学内容。从新课标来看，本节课的重难点是掌握洋流运动规律，并了解不同性质洋流对沿岸气候的影响。世界范围内洋流较多，纷繁复杂，较难识记，因此激发学生对本节课的学习兴趣，让学生学会总结地理规律，进而提高其地理分析能力是教学成功的关键。

2.教学过程

问题式教学以问题为线索，以设置问题为开端，以解答问题为结束，包括创设情境、自主探究、合作学习和总结评价四个方面。

（1）设置问题，创设情境。古希腊教育家亚里士多德曾经说过："思维自疑问和惊奇开始。"所以，在课堂开始时，教师要精心设计问题，创设教学情境。在本节课的开始，教师可播放电影《泰坦尼克号》沉船视频和电影剧照，设问："这段视频想必大家都很熟悉，它是电影《泰坦尼克号》中的片段。那么大家在感叹宏大的电影场景和男女主角凄美爱情的同时，有没有想过是什么导致了泰坦尼克号的沉没呢？"这个电影比较经典，学生都比较熟悉，且与本节课关于洋流的学习有密切联系，因此将该视频和设问作为课程问题导入，对于创设良好的教学情境、调动学生的情感注意力和情感体验力具有积极意义。

（2）引导学习，自主探究。教师引导学生阅读课本，理解盛行风是海水运动的主要动力这一重要概念，并讲解洋流的形成原因。给出全球洋流运动简图，要求学生对比课本全球洋流分布图和洋流运动简图，试着找出洋流运动的主要规律，并布置探究任务，让学生在简图中用红色笔标出暖流，用蓝色笔标出寒流，进而尝试自己画出全球洋流运动简图。

（3）小组讨论，合作学习。教师将全班分为4～6个组，讨论每个成员得出的结论，提出解答问题过程中的疑问，共同探讨。在这个过程中，学生交换自己的学习成果，比较他人与自己结论的差异，反思自己。学生也可以展开辩论，从而加强记忆，学会多方位、多角度思考问题，提高解答问题的能力。每组派出代表在黑板上画出洋流简图，由教师和全班同学讨论并批改。教师也可以随机抽取学生提问，或让小组抢答说出洋流名称，进行有趣的知识抢答竞赛。这样的教学设计可以提高学生学习的积极性，有助于确立学生的主体地位，活跃课堂气氛，提高教学质量。

（4）教师点拨，总结评价。这个环节对于整节课来说至关重要。教师是学生学习的引导者和促进者，教师最后的精细讲解在本节课起到画龙点睛的作用。在经过学生自主探究和小组讨论之后，学生对本节课的重点内容已经有了一定的了解，教师将学生得出的结论汇总，根据学生没有解决的问题提炼要点，进行深入浅出的讲解。最后，教师带领学生共同解答课堂开头创设情境设置的问题。引导学生观察全球洋流分布图，找到泰坦尼克号沉船的纽芬兰海域，帮助学生分析沉没的原因：南下的拉布拉多寒流经常携带冰山，加之拉布拉多寒流和北大西洋暖流交汇处多形成海雾，对于泰坦尼克号的行驶造成巨大的困难，再加上相关人员的疏忽，最终导致这艘"不沉之船"在处女航中的沉没。

这样首尾呼应的教学模式循序渐进，环环相扣，使课堂结构更加紧凑，一气呵成，使学生注意力一直集中在课堂上，让他们真正掌握本节课重点内容，形成系统的知识体系，提高学生的学习积极性与学习能力，充分体现了学生为主体、教师为主导的新的教学理念。

二、加强地理实践

（一）加强地理实践的意义

地理实践是支持学生地理学科核心素养发展的重要手段，是地理教学中一贯关注的重要内容。新课标强调关注三个方向的地理实践，即考察、调查和实验。以往的地理实践在这三个方面做得不够，虽然也提出了开展地理观测、地理考察、地理实地调查和地理专题研究等实践活动，但没有针对如何落实做出明确的要求。在诸多条件的限制下，如果没有明确的要求并且落实到操作层面，那么实践行动常成为纸上谈兵，难以全面开展。针对这样的现实，高中地理新课标在教学建议中提出加强地理实践，将实践的内涵提升到行动落实的层面，并从提升素养的高度强调实践行动的重要性。具体来说，就是让学生"走出去""动手""行动"，在"真刀真枪"的实践中获得直接的经验，获得对真实生活的"真"认识、"真"感觉，并在认识中获得解决问题的真实能力，最终获得独立认知世界、独立生存的本领。

（二）达成实践教学的目标

（1）加深对地理知识体系的理解。这里所说的实践活动是指具有理论指导的、有方向性的实践活动，是深度认识知识体系和应用的过程。对于地理学而言，所谓深度认识，是指对学科知识系统的内在关联性的深度认识，不是简单地认知"有什么知识"，而是在观察中感知"牵一发而动全身"的地理知识系统。

（2）挖掘地理实践活动的内在价值。学生在充分的、全方位的行动中，可以感受实践过程中产生的审美价值，观察人类活动方式中体现的因地制宜的意义，以及自然与人类为协调环境的平衡（资源平衡、人口平衡、经济活动平衡等）做出的智慧的努力。

（3）促使学生切实关注人地关系的和谐。学生在实践中能够更好地通过生活现象透视人地关系系统，并通过揭示系统的发展现状及其产生原因来预测系统的发展走向。

（4）在地理实践活动中提升学生的地理学科核心素养。学生在实践活动中，能够提升综合观察、描述、分析问题的能力，提升认知区域的复杂性、差异性、共同性的能力，提升使用工具获取信息的独立生存能力。

（三）如何达成地理实践活动的目标

第一，要立足学科核心素养培养来设计地理实践活动，选择与学生生活贴近、与社会贴近的区域作为活动的落脚点，以人地协调的观点设计综合认知区域的问题和探究性任务，组织学生带任务、带问题开展实地考察，使用自然环境观察描述、人类活动方式观察、社会调查访谈交流等研究方法，获取第一手考察、调查信息，进一步对实践成果进行理性反思和总结，获得人地关系系统协调发展的知识。同时，使学生在实践过程中感悟和欣赏大自然的美好，提高学生观察、描述、解析现象的能力，增强学生与他人沟通交流的能动性。

第二，本着"行动、独立、自主"的原则进行操作实践。通过设计实践过程的探究任务、观察问题，将目标落实到学生的独立行动、自主思考层面，并为实践过程提供广阔的自由探索空间，同时严格实践过程的科学性。为了让操作过程切实可行，任务设计就要兼顾对学生的感官、思考行为、合作交流等进行全方位刺激。

第三，学生撰写的实践总结报告要注重求真求实的科学态度和精神。实践总结是一个回顾反思的过程，它建立在大量第一手信息材料的基础上。地理实践区别于其他学习过程，是一个获取直接经验的过程，而不是从书上、网上直接下载、截取结论的过程，应该是一个训练学生科学思维、科学品质的过程。

三、深化信息技术应用

（一）信息技术应用的内涵

信息技术的发展和应用是地理教学改革的助推器，对改变学生学习方式和教师教学方式，帮助学生享有公平而有质量的地理教育具有重要作用。借助大数据、人工智能、"互联网+"等信息技术的学习，是面向未来的学习方式之一，为学生提供了自主学习、探究学习和合作学习的开放空间，促进了学生地理学习的拓展和深入。其具体方式有基于网络的项目学习，基于全媒体资源的探究学习，基于大数据的模拟学习，基于即时反馈的互动学习，基于虚拟现实技术（VR）、增强现实技术（AR）的学习等。借助信息技术，教师还可以改变评价方式，使评价更有针对性、即时性、互动性，更好地发挥评价对学生个体指导的作用。

若有专业力量的支持，教师可以利用计算机模拟软件进行水循环、河流侵蚀等自然地理过程的学习以及解决城市问题、选择工农业区位等人文地理的模拟学习；有网络条件的地方，教师可以利用实时的天气云图和风场图引导学生感知和理解真实的大气状况；虚拟现实技术可以提供近似真实的环境，为不能外出的学生提供地理实践的替代性体验；计算机软件可以应用大数据提供复杂的情境和多样化的选择，并能及时反馈，使得地理模拟决策学习更接近真实世界，为学生提供接受式学习之外的补充学习方式。若暂时缺少专业力量的支持，教师也可以利用互联网的资源共享和交互功能，帮助学生体验基于互联网的开放式地理学习，避免形成过度依赖教师和教科书的学习心态。结合智慧校园和智慧课堂的应用，突出"处处可学、人人皆学"的"线上线下"泛在学习理念。

在有条件开展基于信息技术和虚拟现实技术的教学时，教师可考虑从以下四个方面入手。①充分体现互联网学习的特点，即异步、异地、互动、个性、开放、共享、资源丰富等。②尽量发挥移动设备和云平台的优势，体现"因材施教"。教师可以利用平板电脑等移动设备和网络即时交流工具及时了解学生学习情况和存在问题，再开展针对性教学。③有意识地体现互联网的开放性。教师可以根据互联网的开放性进行教学，设计活动使学生有机会学习辨识信息、评价信息、训练逻辑思维和批判性思维，也可设计活动引导学生关注更多大范围的地理事物、现象和问题，拓宽他们的视野。④恰当运用虚拟现实技术。在利用虚拟现实技术教学时，教师要注意协调技术支持的教学与在真实环境下的教学的关系。虚拟现实技术可以在一定程度上弥补无法外出实践教学的缺憾，但无法完全代替真实环境下的实践活动。

（二）信息技术应用的意义

1.利用信息技术加强学生对真实世界的理解

信息技术的应用有助于学生学习一些从课本上和现实中均无法真正感知和理解的地理事象，如对案例中天气系统的学习。如果学生对学习的对象，特别是自然现象和过程没有基本的感知，地理综合思维、人地协调观等核心素养的培养就很容易变得空洞，学生往往只学会了一些高度抽象的概念、原理和理论，但无法真正理解它们，或者只理解了书本上的知识，却不明白这些文字描述的事实真相是什么，这将不利于地理学科核心素养的形成。

2.利用信息技术使学生适应新的知识获得方式

我国地理教学在帮助学生获得基于地理学科体系的知识系统方面，已经有了比较成熟的理论和方法，为广大地理教师所熟悉。信息技术的发展又为学生提供了超越线性和层次分明的体系的知识系统，这个系统是平面化的，高中学生可以通过超链接的方式直接获得所需的基础知识和拓展知识。例如，在课堂学习过程中遇到某个陌生概念时，学生不必等待课后去查阅而在课堂上就可通过网络查找相关资料，也不必等待教师"有空"时给予解答，可直接利用手机或其他移动设备查阅。在课外地理学习中，学生也可以利用信息技术来丰富自己的地理知识体系。这将有助于学生综合思维的培养。

3.利用信息技术增强地理学习的个性化

当今世界的教育已经在从统一的工厂加工模式向个性化转变。信息技术的应用将提供必要的支持，使教师能够更有针对性地解决学生遇到的个性化学习问题。例如，"微课"的出现使原本"稍纵即逝"的教师课堂讲授有可能变成学生可以自主控制的学习资源，学生利用微课自主学习，使课堂教学走向真正的以学生为本的教学。

4.利用信息技术支持地理实践活动

信息技术适合作为地理实践活动的工具。地理信息技术可以直接用于支持地理野外学习，帮助学生轻松地将真实的地理数据绘成图表，进一步解决地理问题。地理信息技术水平不高的学校，也可通过智能手机等移动设备快速地获取、上传、处理野外获得的信息，实现野外定位功能，记录野外学习的路线，这不仅利于地理学习，而且利于学生适应现在和未来社会的发展。

第四节　高中地理新课标的学业质量解读

一、高中地理学业质量标准整体解读

（一）新增学业质量标准的背景

在今天的人才选拔机制中，无论是高考还是学业水平测试，都要命题。命题的时候如何把握试题的难易程度、试题的水平和层次一直是教育界的难题。如果给高考和学业水平考试命题提供一个参照，无疑能够极大提高命题的科学性。为了给试题命题一个比较科学、权威的参考，课程标准需要细化，时代呼唤学业质量标准。学业质量标准的出现是高中地理新课标的亮点，也是重点。

（二）地理学科学业质量标准的特点

学业质量是对学生多方面发展状况的综合衡量，它明确了新的质量观，改变了过去单纯看知识、技能的掌握程度的做法。地理学科学业质量标准以本学科四大核心素养（人地观念、综合思维、区域认知、地理实践力）及其表现水平为主要维度，对学生学习的程度做了一个水平划分，从水平1

到水平 4，根据每个学生自己的学习基础和最后学习结果的程度，把它划成 3～4 个层次。其中，高中地理学业水平考试分为合格性考试和等级性考试。学业质量水平 2 是高中毕业生在本学科应该达到的合格要求，在学业水平合格性考试命题中要重点理解和把握。学业质量水平 4 是选择地理作为学业水平等级性考试科目的学生应该达到的要求，在学业水平等级性考试命题中要重点理解和把握。学业质量水平 1 和水平 3 可作为教学过程中阶段性评价的依据。

基于核心素养的地理学习分层评价体系构建好之后，在教学过程当中，教师就可以根据自己学生的实际情况，把握教学的难易程度，这个学生的基础在什么层次上，就按照他这样的程度去培养，如此就能真正做到因材施教。

二、高中地理学业质量标准分层解读

（一）水平 1 的解读

表 1-1 是对高中地理学业质量水平 1 的描述。

表1-1　高中地理学业质量水平1

水　平	质量描述
1	1-1 在简单、熟悉的情境中，能够辨识地貌、大气、水、土壤、植被等自然地理要素，简单分析其中少数几个要素的相互作用及其与人类活动的相互影响；能够辨识人口、城乡、产业、文化等人文地理事象的地理特点，简单分析其中两者之间的相互作用及其与自然环境的相互影响。（人地协调观、综合思维） 1-2 根据提示，能够辨识日常生活区域的某些自然地理要素特征；能够简单辨析日常生活区域内某产业的部分区位因素和特点。（区域认知） 1-3 借助他人的帮助，能够使用遥感影像等地理信息技术手段和其他地理工具，对地貌、土壤、植被等自然要素和相关自然现象进行初步观察，并设计简单的实验；能够收集人口、城乡、产业、文化等方面的人文地理信息，开展社会调查；能够在地理实践中理解和接受不同的想法，表现出合作的意识、求真的态度及应用知识的能力。（地理实践力）

解读：①对于给定地理事象，能够辨识、简单分析，侧重于地理事物的静态分析；②分为三个层次，可作为教学过程中阶段性评价的依据。

（二）水平 2 的解读

表 1-2 是对高中地理学业质量水平 2 的描述。

表1-2　高中地理学业质量水平2

水　平	质量描述
2	2-1 对于给定的简单地理事象，能够简单分析地貌、大气、水、土壤、植被等自然地理要素中多个要素之间的关系，解释地球演化、热力环流、水循环等的时空变化过程，辨识某些自然地理要素与人类活动相互作用的主要方式和结果；能够简单分析人口、城乡、产业、文化等人文地理事象之间，以及它们与自然要素之间的关系，解释人口分布、城乡内部空间结构、城镇化、产业区位等的时空变化过程，结合某国家发展战略，简单分析其地理背景，辨识人类活动影响地理环境的主要方式，以及出现的人地关系问题，说明人地协调发展和走可持续发展之路的重要性。（人地协调观、综合思维） 2-2 能够归纳某些自然地理要素的空间分布特征，自主辨识给定区域的某些自然要素特征，能够自主辨识给定区域内某产业的区位因素。（区域认知） 2-3 与他人合作，能够使用遥感图像等地理信息技术手段和其他地理工具，对地貌、土壤、植被等自然要素和相关自然现象进行深入观察，并设计实验，做出简要解释；能够对人口、城乡、产业、文化等方面的人文地理事象，设计和实施社会调查，做出简要的解释；能够在地理实践中表现出独立思考的意识、求真求实的科学态度以及灵活运用知识的能力。（地理实践力）

解读：

①更加强调人地协调观，对于给定的地理事象，能够自主辨识、独立思考、简单分析，能够结合时空变化进行动态分析；②分为三个层次，是高中毕业生在本学科应该达到的合格要求。

（三）水平 3 的解读

表 1-3 是对高中地理学业质量水平 3 的描述。

表1-3 高中地理学业质量水平3

水　平	质量描述
3	3-1 对于给定的复杂地理事象，能够说明自然环境对人类活动的影响，分析人类活动对自然环境影响的强度与方式，具备尊重自然规律、科学适应和利用自然的意识；对于给定的区域发展案例，能够说明自然资源、环境满足人们需要的潜力及有限性，分析区域环境治理和保护措施；能够说明资源和环境是影响国家安全的重要因素，理解个人、社会和国家在保护自然资源和环境中应担当的责任。（人地协调观）
	3-2 能够说明地球运动与昼夜更替、四季变化等自然现象的关系，说明岩石、地貌、大气、水的运动与变化规律；能够分析不同区域发展中出现问题的原因，并对解决问题的对策做出解释；能够分析战略性矿产资源、耕地资源、海洋空间资源等与国家安全的关系，说明生态破坏、环境污染等问题产生的原因，并构想解决这些问题的主要途径。（综合思维）
	3-3 能够从空间格局的角度，解释自然环境的整体性与差异性；能够根据不同类型区域的发展条件和现状，分类思考和分析区域发展问题及原因；能够筛选恰当资料，对某区域资源开发和环境保护决策是否合理进行论证。（区域认知）
	3-4 能够与他人合作，设计和实施较复杂的地理模拟实验和考察方案，并独立、熟练地运用地理信息技术分析相关自然地理事象；能够搜寻不同类型区域的统计信息，收集相关区域发展规划，参与区域发展问题的调查；能够查阅相关政策法规文献，尝试运用所学知识，对某区域的资源合理化利用和生态环境保护提出构想；能够在地理实践中主动发现问题、探索问题，保持求真求实的科学态度。（地理实践力）

解读：

①不仅要具备人地协调观念，也要能够结合复杂案例进行具体分析，并提出解决措施，能够从国家高度看待环境问题；②能够从要素综合、时空综合的角度分析地理事象；③不仅能分析区域特征，也能比较区际联系和差异，动态分析区域发展；④地理实践力要求加大，能够独立操作设计实验，并能灵活运用知识；⑤分为四个层次，可作为教学过程中阶段性评价的依据。

（四）水平 4 的解读

表 1-4 是对高中地理学业质量水平 4 的描述。

表1-4　高中地理学业质量水平4

水　平	质量描述
4	4-1 结合现实中的自然环境问题，能够从人地关系系统的角度，分析自然环境对人类活动的影响和作用，归纳人类活动遵循自然规律、与自然和谐相处的必要性和路径；结合现实中的区域发展情境，能够说明区域在开放的条件下，该地自然资源、环境满足人们需要的潜力变化，归纳该类区域不同发展阶段可能遇到的人地关系问题，分析区域特有的环境治理和保护措施；结合区域自然资源开发和环境保护实例，能够从国家安全的高度，理解资源和环境安全对于人地协调发展的重要性，增强国际合作意识，建立和谐发展的观念。（人地协调观） 4-2 能够运用地球运动规律，解释昼夜更替、四季变化等自然现象产生的原因，从自然环境各要素的物质运动和能量交换的角度，分析岩石、地貌、大气、水的运动与变化规律以及各要素之间的相互影响；能够在认识某类区域特征的基础上，从促进区域科学发展的角度，对其发展的条件、过程、问题及决策等进行系统的综合分析、评价；能够从全球化的视角，综合分析人类开发利用矿产资源、耕地资源、海洋空间资源等的条件、方式及潜力，以及产生的资源、环境问题对国家安全的影响，并从国际合作的视角理解解决全球性环境问题的重要性。（综合思维） 4-3 能够运用空间分析方法，解释自然环境的整体性与差异性，并能够分析特定区域的自然地理特征与环境演变过程，评估其发展问题，提出科学决策的依据；能够比较全面地评价区域决策的得与失，并提出较为可行的改进建议；能够收集世界、全国或区域的资源、环境信息，并利用信息解释资源、环境问题及其成因，从维护国家安全的高度尝试提出解决问题的建议。（区域认知） 4-4 能够独立设计科学的地理模拟实验和考察方案，利用地理信息技术及相关工具、材料，分析与处理相关数据与信息，对地理事象进行科学解释与评价；能够搜寻不同类型区域的统计信息，收集相关区域发展规划，设计区域发展问题的调查方案；能够有针对性地开展野外资源、环境调查，描述某区域存在的资源和环境问题，并结合已有资料，对解决区域资源和环境问题提出建议；能够在地理实践中表现出较强的行动能力。（地理实践力）

解读：①能够以发展的眼光进行区域分析；②要求学生在地理实践中具备较强的数据处理能力、分析能力和行动能力；③分为四个层次，是选择地理作为学业水平等级性考试科目的学生应该达到的要求。

第二章　高中地理教学概述

第一节　高中地理教学的功能

一、高中地理教学的德育功能

地理教学的德育功能具有全面性、系统性、现实性等优势特征。地理教学内容和形式富含德育要素。地理教学中的德育要素可以从多种角度考查，如可以分为爱国主义教育、社会主义教育、集体主义教育、艰苦奋斗教育等要素，也可以分为理想教育、观念教育、意志教育、情感教育、性格教育等要素。各种要素分类和整合，适应不同的研究和应用的需要。本书从当前社会对地理教学德育功能的需求以及地理教学中德育改革与发展的角度来研究地理教学德育功能的构成。

（一）思想政治教育

1.爱国主义教育

爱国主义是中华民族传统美德的核心内容之一，新一代青少年正是这一传统美德的继承者和发扬者，因此培养他们的爱国情感和报国之志显得尤为重要。高中地理教材以其独有形式蕴含丰富的爱国主义教育素材，地理教师可充分利用其优势，广泛挖掘教材本身的爱国主义元素。例如，通过我国优越的地理位置、辽阔的国土、美好的河山、富饶的自然资源和优美的自然风光，让学生感受到祖国山河之美，激发民族自豪感；通过中华人民共和国成立以来，特别是改革开放以来我国在工农业生产、城市和交通建设、商业的发展等方面取得的伟大成就，弘扬社会主义制度的优越性和坚持中国共产党的正确领导；使学生了解虽然我国自然资源丰富，绝对数量居世界前列，但人均资源达不到世界平均水平，有些资源利用不尽合理，一些资源破坏严重的情况，增强学生忧患意识，树立建设祖国的紧迫感和使命感。

2. 正确的全球意识教育

"面向世界"的教育，在学校教育中很大部分是落实在地理学科教学中的。当前地理教学中的全球观教育是以往地理教学中国际主义教育的改革与发展，是为了适应当今世界的全球化趋势。全球意识教育是地理教学中的德育新问题，因此要正确认识这项教育的本质和必要性。

我国地理教学中的全球意识教育，被冠以"正确"这一限定词，说明这项教育具有我国独特的立场和观点，与西方国家地理教学中十分重视的全球观教育具有质的区别。正确的全球意识教育考虑到东西文化的差异、各国国情的不同，考虑到全球化的趋势与区域化的趋势、各国各具特色的发展趋势的并存，考虑到国家之间的社会生态关系，不存在单一模式，反对强加于人，提倡和平共处。正确的全球意识教育考虑到南北之间的发展差异与合作前景，考虑到发达国家与发展中国家相互依存的关系，考虑到南北之间政治上的平等和经济上的互补问题。正确的全球意识教育是改革开放教育的重要组成部分，树立的是正确的开放观，既反对夜郎自大、盲目排外的意识，又反对崇洋媚外、跟着爬行的意识；树立的是正确的改革观，既要从本国实际出发，又要将本国置于世界背景之下，正确看待改革方向。

3. 辩证唯物主义教育

地理教学中的辩证唯物主义教育，包括自然辩证观教育和历史辩证观教育。自然辩证法援引的例子有很多属于地球科学，学校自然地理教学中含有丰富的自然辩证观教育因素，学校人文地理教学中含有丰富的历史辩证观教育因素。尤其是人地关系教学，是体现唯物辩证观的极好载体，具有极高的教育价值。辩证唯物主义教育不仅寓于系统地理教学中，也寓于区域地理教学中。

（二）个性品德教育

1.科学态度和创新意识教育

自然地理教学涉及许多自然规律及对自然现象本质的探索，富含科学教育因素；人文地理教学涉及多门人文科学的社会规律及对人文现象的正确认识。因此，地理教学在自然和人文两方面都能培养学生实事求是、遵循客观规律的科学态度以及科学探索的浓厚兴趣和强烈动机。地理教学涉及学科之广，为学校学科教学之最，因而具有独特的科学精神和态度教育优势。

2.环境伦理和社会生态教育

环境伦理教育是地理教学固有的功能，而明确提出在地理教学中进行环境伦理教育则时间不长。地理教学中的环境教育是事关人类兴衰存亡的重大教育任务。环境问题不仅是认识上是非判断的问题，也是情感上道德判断的问题。地理教学中涉及的许多环境问题案例，也可以揭示其环境伦理层面上的好坏善恶，只有这样才能促使人们择善而为，不做破坏环境的行为。

社会生态方法对于协调人地关系有重大作用。社会生态的理念和方法随着学校地理课程的改革而愈益重要。树立正确的社会生态观必须通过地理教学中社会生态失调与社会生态协调的事例才能实现。

3.健康个性和人际关系教育

地理教学内容大到全球，小到乡土，课题都是与人类社会发展密切相关的重大问题。因此，地理教学可以使学生形成崇高的理想、远大的志向、务实的态度、积极的价值取向等健康的个性品质。地理教学中实践活动较多，十分有利于培养学生坚强的意志、艰苦奋斗的精神等良好的个性品质。

地理教学中的人文精神和社会生态理念有利于进行正确人际关系的教育。地理教学能够使人明白，不论是社会中的个人，还是国际社会中的国家，要取得自身长足的发展，都要面临正常的竞争和永久的合作。通过地理问题的教学，人际关系协调的重要性更容易被学生接受。地理教学中较多的实践活动有利于学生体验竞争和合作，有利于培养学生的团队精神。对于比较复杂的地理问题，教师只有在地理教学中发挥群体协作的优势才能解决。

二、高中地理教学的智育功能

地理教学的智育功能具有多样性、边缘性、具体性等优势特征。地理教学中的智育功能可以分为知识教育功能和能力教育功能两个主要方面。

（一）知识教育功能

1.传授地理基础知识

高中教育是学生智力发展过程中的重要阶段，在这一阶段学生所学的各科知识很多都是基础知识。地理教学在高中教育中的一个重要作用就是向学生传授地理基础知识，包括感性知识和理性知识两类。

（1）地理感性知识。地理感性知识由地理名称、地理分布、地理景观、地理演变和地理数据等各种地理事实材料构成，又称为"地理事实"，它反映客观地理事物的表面现象和外部联系。这种地理知识是直观的、具体的，它是形成地理知识体系的基础。只有向学生传授一定数量的地理事实，使学生形成地理观念，学生才能在这一基础上，揭示地理事物的特征，形成地理概念，获得地理理性知识。

地理名称，也可简称为"地名"，是重要的地理基础知识，其他地理基础知识没有地名就无法具体表述和加以区别、比较。地名在经济建设、国防建设以及人们的生活和学习中都具有重要意义。熟记和了解一定数量的地理名称反映了一个人基本的地理文化素质。

地理分布知识即分布在各个国家和地区的地理事实知识，包括政区分布、各种自然地理要素的分布以及人口、民族、资源、经济部门、交通线路、城镇居民点的分布等，内容十分广泛。地理事实的分布具有空间性，都能表示在地图上，这对于培养学生认识地理事物和现象的位置、形成空间概念具有重要意义。

地理景观知识是反映各种地理景象或景色的地理感性知识，包括自然和人文两类，它们反映地理事实的表观现象和外部联系。这种知识直观、形象，容易使学生形成对有关地理事实的印象。学生进一步认识这些地理事实的特点，形成地理概念，对获得理性知识起重要的作用。

地理演变知识是反映地理事物和现象发展变化过程的知识，分为自然地理方面的演变知识和人文地理方面的演变知识，前者如四季交替、地壳演变、水循环等，后者如城市发展、工业布局的变化、交通线路的发展等。这类知识有助于学生建立地理事实随时间推移而发展的动态观念，加深对地理名称、景观及其空间分布的理解。

地理数据，又称地理数字，是对地理事实的定量表述，包括指量数字（绝对数字）、顺序数字和比例数字三类。地理数据在地理知识体系中用于同类地理事实的比较，能直观反映其数量差异，对于认识地理事物和现象的规律，具有巨大的作用。

（2）地理理性知识。地理理性知识由地理特征、地理规律、地理成因等基本原理构成，故可简称为"地理原理"。它是反映地理事实的本质特征和内在必然联系的知识，这种地理知识是概括的、抽象的，是地理感性知识的进一步升华和发展。地理教学不仅讲授地理感性知识，而且在讲解地理名称和数据、地理分布、地理景观的基础上，进一步引导学生进行思维活动，对感性材料进行分析、概括，总结地理特征，找出地理规律，分析地理成因，使学生不仅知道"是什么""在哪里"，而且知道"怎么样"和"为什么"，形成较为完整的地理知识体系，从而培养学生的地理思维能力，特别是比较、分析、综合和逻辑推理的能力。

地理特征是反映各种地理事物和现象异同点的地理知识，包括一般地理特征、个体地理特征和区域地理特征三类。一般地理特征反映同类地理事实的共同本质属性，如河流的特征；个体地理特征反映特定的地理事物和现象的本质属性，如长江的特征；区域地理特征反映某一区域的自然和经济特征，表示这一范围内许多个体地理事实的共同本质属性，如我国河流的特征。这三类特征讲授的，能使学生从地理事实的共性、个性和区域性上认识其本质属性，是形成相应概念的前提。

地理规律是反映地理事物和现象必然联系的规律性的地理理论知识，包括地理演变规律和地理分布规律，是地理演变知识和分布知识的深化与发展。地理演变知识的讲授能使学生学会在认识各种地理事物和现象发展变化过程时运用抽象思维，从中概括出规律性；地理分布知识的讲授能使学生学会分析不同数据、判读各种地理分布图，并从中分析、概括出不同事物空间分布的规律性。

地理成因是反映地理事物和现象的因果联系、揭示地理特征和地理规律形成原因的地理基础理论知识。在地理教学中，教师不仅要教给学生某些地理事实，使学生掌握若干地理特征和规律，而且要使学生认识这些地理事实、地理特征及规律的产生原因，解决学生在认知过程中必然产生的"为什么"的问题，使学生形成完整、系统的地理理性思维，并锻炼和发展他们的智力。

2.培养地理基本技能

培养地理基本技能常与传授地理基础知识合在一起，称为地理教学中的"双基"教学，两者构成地理教学活动的主体，是提高学生地理素质的主要途径。

培养学生的地理基本技能就是培养学生将所获得的地理知识用于实践的能力，即实际运用地理知识的能力。教师只有通过地理基本技能的培养，才能使学生将所学到的地理基础知识巩固下来，学生再经过反复运用，进一步加深对基础知识的理解。这种反复运用的过程，就是地理教学中的练习。教师通过练习，可以培养学生的地理观察能力、地理想象能力、地理记忆能力、地理思维能力和实际操作能力，还可以充分调动学生的学习积极性、主动性，拓展学生的学习思维，使学生理解学习过程，学会学习方法，以提高教学的效果。

学生学习、掌握一定的地理技能，不仅是获取和运用地理知识的必备条件，而且是提高自身地理能力、发展自身智力的重要途径。学生具备了一定的地理技能，就可以独立地、随时随地地吸取地理新知识。因为学生在学校的时间是有限的，在课堂内学习更是无法将所有的知识学到手，所以教师培养学生独立获取新知识的能力比传授知识更为重要。这就要求教师在教学中一定要运用各种教学手段，采用多种方法和途径让学生掌握基本技能，以独立获取新知识。学生掌握了这个"金钥匙"，就会觉得经常有新的知识可学，就会不断地寻求知识、发现知识，向更深、更广的知识领域进军。

（二）能力教育功能

地理教学中的能力教育，即能力培养，也可以从不同角度加以分析。例如，可以从动脑的智能的形成和动手的技能的形成来讨论，也可以从信息的接收、加工处理、存储、提取、运用等环节的能力形成来讨论。本书仅从学习能力、实践能力和创新能力三个层次来讨论地理教学的能力教育功能。

1.学习能力教育

学习能力是在学习实践中逐步形成的，不能脱离教学过程来培养学习能力。一切学校教学的最终目的都不是教学过程中所传授的有限知识，而是以有限的基础知识为媒介，使学生学会学习。学习能力是多方面的，地理教学中的学习能力因素具有全面性、实用性特点。

地理教学所涉及的知识非常广泛，这些知识具有较强的边缘性、交叉性、综合性，在地理知识的教学中，能使学生形成多种学科的乃至多学科综合的学习能力。例如，文理交叉的学习能力、多因素综合的学习能力。

地理教学的形式多样，既要动脑，又要动手，而且所涉及的智能和技能类型比较齐全。地理教学中能力培养的优势广泛体现在观测能力、操作能力、制作能力、读图和绘图能力等技能方面，以及观察能力、思维能力、想象能力和记忆能力等智能方面，在各科教学中是突出的。地理教学的方式多样，有利于培养自学能力和集体学习能力、课堂学习能力和课外学习能力、学校学习能力和社会学习能力等。

2. 实践能力教育

地理教学具有很强的实践性，在实践能力培养方面具有独特的优势。长期以来，学校教育存在一个误区，即将地理教学中实践能力的培养看作单纯技能的培养，贬低了地理教学在能力培养方面的价值。其实，地理教学中所培养的实践能力同所培养的学习能力一样，都是由智能和技能组成的。在地理教学过程中，学习能力与实践能力发展的机会都很多，学习—实践—再学习—再实践，如此循环往复，是地理教学中能力发展的必由之路。实践并不仅仅是学习成果的简单再现，更重要的是学习成果在新情境中的应用和升华，从而获得知识与实践能力的双发展。

3. 创新能力教育

创新能力教育是能力教育中最高层次的教育。地理教学在创新能力教育方面也有其独特的优势。地理教学中创新能力的培养，基于比较广泛、比较齐全的学习能力和实践能力的培养。见多识广、动脑动手机会多，是创造意识和创造能力形成的沃土。

地理教学内容有许多闪耀着创造性光辉的范例。从科学假说到科学技术，从古代、近代到现代，地理教学由此而拥有较多的创新能力教育案例。在地理教学内容中，不乏有待探索的重大问题、有待破解的科学之谜，对于激发学生的创新意识非常有利。

地理教学中思维能力的培养，既有收敛式的，又有发散式的；既有正向的，又有逆向的；既有归纳演绎，又有类比；既有逻辑思维，又有辩证思维。地理教学中智能的培养，最突出的是想象能力，其中包括再造性想象与创造性想象。这些因素都有助于创新能力的培养。

三、高中地理教学的美育功能

地理教学中的美育因素，也像地理教学中的德育因素和智育因素一样丰富。地理教学中的美育功能也可以从不同的角度加以分析，本书仅从自然美、人文美、人地协调美三方面加以讨论。

（一）自然美教育功能

地理教学中的自然美教育功能，主要体现在自然地理教学内容中。自然地理教学广泛，涉及各种自然景观，宇宙、海陆、山川、自然生态等无所不及，自然景观美体现得比较全面。

地理教学内容已从静态发展到动态，无论是按地质年代还是按人类历史，无论是沧桑巨变还是时令瞬变，自然地理演变的动态美都在地理教学中有比较充分的体现。

地理教学中的远足考察方式以及多媒体演示方式，都能将自然美展现得比较充分，并借此培养学生对自然美的鉴赏意识和审美能力。

（二）人文美教育功能

地理教学中的人文美教育功能主要体现在人文地理教学内容中。人文地理教学广泛涉及各种人文现象和人文景观，包括人种、民族、城市、乡村、农业生产、工业生产、交通通信、贸易、文化、旅游、政治等，其中有大量的多姿多彩的人类创造的物质文明美和精神文明美。地理教学介绍的人类社会的时空差异，可以使当代当地学生欣赏到时空异质美，以及人文现象演变的节律美、人文现象分布的规律美。地理教学为学生提供了深入社会进行观察和调查的机会，多媒体手段对此做了补充，有利于培养学生人文美的审美意识与能力。

（三）人地协调美教育功能

随着社会的进步，社会审美观念也在更新，人地协调美已成为全球追求的高层次美。人地协调美的教育作为最高层次的美育，落脚到地理教学之中，地理教学的美育功能因此而价值倍增。

随着地理课程的更新，无论是区域地理教学中，还是人文、自然地理教学中，都贯穿着以人地协调美为核心的美育主线。

地理教学揭示了许多全球性人地关系失调问题，揭露这些人类社会的"家丑"，正是从反面进行人地协调美的教育。地理教学中的可持续发展教育蕴含着地理教学中最高水平的美育，可以充分体现人地关系的对称美、和谐美和协调美。人地关系的协调美不只表现为自然生态美，也体现为社会生态美，如民族和睦美、社会进步美、国家统一美、世界和平美等。

第二节　高中地理教学的目标

一、高中地理教学目标的内容

高中地理课程的总目标是通过地理学科核心素养的培养，从地理教育的角度落实立德树人根本任务。具体目标如下。

（1）学生能够正确看待地理环境与人类活动的相互影响，深入认识两者相互影响的不同方式、强度和后果，理解人们对人地关系认识的阶段性表现及其原因，认同人地协调对可持续发展具有重要意义，形成尊重自然、和谐发展的态度。

（2）学生能够形成从综合的视角认识地理事物和现象的意识，对地理各要素之间的相互作用关系有较强的分析能力，并在一定程度上解释地理事物和现象发生、发展的过程，从而较全面地观察、分析和认识不同地方的地理环境特点，辩证地看待地理问题。

（3）学生能够形成从空间—区域视角认识地理事物和现象的意识，对地理事物和现象的空间格局有较强的观察力，并运用区域综合分析、区域比较、区域关联等方法认识区域，简要评价区域现状和发展。

（4）学生能够运用所学知识和地理工具，在室内、野外和社会的真实环境下，通过考察、实验、调查等方式获取地理信息，探索和尝试解决实际问题，具备活动策划、实施等行动能力。

二、高中地理教学目标的功能

（一）指导教学的功能

对于地理教师来说，地理教学目标给教师提供了教学上明确的知识、技能、情感等多维度的目标和教学方法的依据。教师在设计地理教学目标的过程中，必须深入钻研教学大纲（课程标准）和教学内容，并对学习对象等做出系统分析，综合考虑教学方法、教学组织形式、教学媒体、教学评价等方面，以利于整个教学过程的优化。简而言之，要教有目标。地理教师要编制好地理教学目标，不但要有较扎实的学科专业知识和相关学科知识，还要掌握一些教学设计的基本原理、方法和技能。地理教师只有通过这些知识的学习和运用，掌握地理教学目标的设计，其教师素质和教学水平才会提高。学生明确了地理教学目标后，可在学习中减少盲目性，确定学习重点和难点，从而更好地制定学习计划，学好地理基础知识和技能，即学有目标。

（二）激励功能

"目标作为观念形态的价值意识反映了人的需要，当需要带着清晰而明确的目标和目的意识，并延伸到人的行为领域同行为相联系的时候，则形成动机。"[①] 在地理教学中，地理教学目标确定以后，学生产生要达成目标的强烈渴望，形成学习动机。同时，学生由于了解了确切的学习目标与要求，在达到教学目标以后，会增强学习的成功感，从而进一步激发学习地理的积极性，而且在以后的学习中更有把握。

（三）评价功能

现代教学目标理论兴起的原因就是现代教育评价学的需要。一方面，地理教学目标为地理教学科学评价提供了客观标准。有的专家认为，评价一堂课的好坏，标准只有一个，那就是看教学目标是否达到。这种说法虽有失偏颇，但也不无道理。在目前的地理教学评价体系中，地理教学目标也是教学评价的一个重要指标。它主要通过对教学目标设计、教学目标表述、教学目

① 徐今风. 浅析教学目标的激励功能 [J]. 语数外学习（英语教育）,2013(8):65, 67.

标的完成等进行教学质量方面的考核。另一方面，对学生学习的测评来讲，有了教学目标的具体指向，就可以实行以地理教学目标为标准的参照测试，教学目标提供设计标准参照测试题的基础。所以，教学目标也具有检测教学效果的功能。

三、高中地理教学目标的设计

（一）高中地理教学目标设计的依据

1.社会需要

设计地理教学目标要依据社会需要，并能使它体现出促进社会发展是地理教学的根本目的之一。地理教学活动从产生的时候起，就体现了它的发展总是与社会的政治、经济、文化密切相关的特性：从15世纪的地理大发现（资本主义初期生产力蓬勃发展，商业、航海业的范围不断扩大）、17世纪地理课程开始进入西方的学校学科教育（商业的发展与交往联系的扩大、对市场及原料掠夺竞争的日趋激烈，对地理教学提出更高的要求）、19世纪现代地理学及现代地理课程的兴起，到当今21世纪可持续发展观念成为地理教学的重要内容，都充分说明了地理教学活动是一定社会需要的产物，这种社会需要集中体现在地理教学的内容中，往往以纲要的形式规定在地理教学大纲（课程标准）之中，并以地理教学目的的形式确定下来。所以，在设计地理教学目标时，社会需要是首要的依据。

2.学生的身心发展规律

学校地理教学是控制并促进学生发展的过程。因此，在设计地理教学目标的过程中，学校必须结合学生的身心发展规律，从学生的实际水平和实际情况出发，制定科学的地理教学目标。这里的身心发展规律有如下两方面的含义。

一是指不同年龄阶段的学生有不同的生理、心理发展的特征。例如，按学生认识能力的发展特征，地理教学目标的设计应由简入繁、由浅入深。从发展阶段而言，与中小学阶段相比，高中阶段学生的思维过程能逐渐摆脱直观形象和直观经验的限制，其逻辑思维能力优于初中阶段，在情感和意志方面也不再满足于幻想，而是在对社会、自我认识的基础上，构建人生理想。所以，高中地理从学科体系上更注重地理科学知识的系统性，同时也要使学生形成人地协调发展意识，尤其要认识现在和未来社会可持续发展的必要性与主要途径。教学目标的设计应注意地理规律与地理问题的应用、分析、综合方面的具体设定。

二是指学生的个体差异。学生无论是在内在的潜能、先天的素质，还是在外在的生活环境等方面都存在差异，学生的发展程度不同是我们在设计地理教学目标时应充分考虑的因素。体现在地理教学目标中，我们应注意目标设计的起点，使教学目标不脱离大部分学生的实际需要。

3. 地理学科的特点与内容

任何一门课的教学都必须掌握这门学科特点以及学科内容。地理教学目标的设计是为地理教学服务的，当然更不能脱离这一中心，否则必然会失去地理教学的科学性。

首先，地理学科主要有以下几个特征。①综合性。地理学科的研究范围十分广泛，涉及大气圈、水圈、岩石圈、生物圈与人类智慧圈五大圈层的各种地理要素以及它们之间的相互关系、发展变化的过程。所以，地理学科不只反映客观世界的单一要素和单一过程，而且从整体反映人类周围的客观世界，即地理环境。所以，综合性是地理学科的一个重要特征。②地域性。任何自然和人文的地理事象最终要落实到一定的地域空间。地域的整体性和差异性是地理学科的核心内涵之一，更是地理学科区别于其他学科的最本质特性。③开放性。地理学科内容所包括的五个圈层系统都呈开放的状态，每时每刻都与外界系统发生着物质、能量、信息的传递与交流。这种开放性的特点使得地理学科横跨自然学科与社会学科，与物理、化学、生物、历史、政治等自然、社会学科相互联系。④实践性。地理学科本身是人类在实践的基础上形成并不断发展的，因此对地理环境的正确认识，要与实践密切结合。

其次，从目前的高中地理教学内容来说，高中地理主要以人地关系为主线，讨论地球的整体自然环境及地表上人类活动的基本规律和问题。概括来说，地理学科的内容主要包括以下四个方面：①研究地面各种地理事象的分布，并探究其原因；②反映地理事物与地理现象间的相互联系和地区差异性；③探寻地理事象变化发展的规律；④阐明人和地理环境的正确关系。教学目标的设计自然也要围绕这几方面内容展开。

（二）高中地理教学目标设计的要求

1.系统化

设计地理教学目标的系统化要求，主要有三个含义。

首先，要遵循教学目标自身的系统性特征。现代教学论指出，教学目标实际上有教育目的、培养目标、课程教学目标、单元教学目标和课时教学目标五个层次，它们通过不断地具体化，由上而下形成一个完整的体系（图2-1）。

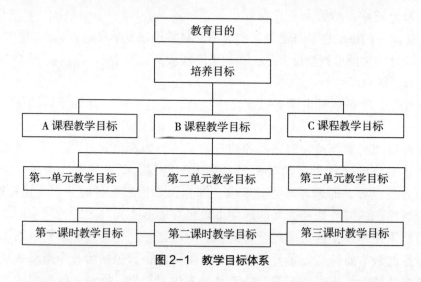

图 2-1　教学目标体系

对高中地理教学而言，地理教育目的、培养目标、地理课程教学目标都已由国家的教育方针政策、课程计划、教学大纲（课程标准）做出规定，对于广大地理教师来说，地理教学目标的设计主要是设计单元教学目标和课时教学目标。在进行这两种教学目标设计时，教师必须考虑到目标体系的系统性，即目标的横向作用和纵向联系、各层次目标的连续性和递阶性，以达到目标间的相互联系、相互促进。

其次，在设计地理教学目标时，要综合考虑和分析地理教育教学系统的各个要素，如教师、学生、课程内容、教学条件等，其中包括分析地理教师的专业水平、学生的心理生理条件及社会背景等。

最后，设计地理教学目标也要把地理教学目标的设计看作教学设计过程的一个步骤。一般认为，教学设计的理论模式包含四个基本因素：分析教学对象、制定教学目标、选用教学方法、开展教学评价。教学目标的设计是居于这一设计系统过程的基础和中心位置的，与其他各项间相互制约、相互联系，在教学目标的设计中，要综合考虑、全面平衡。

2.具体化

设计地理教学目标的具体化是指教学目标的表述力求明确具体，可观察和测量，避免用含糊不清和不切实际的语言表述。例如，在教学目标的表述中出现"培养学生对大自然的审美和观察力""发展学生地理综合分析能力""体会我国劳动人民的勤劳与智慧，升华热爱祖国的思想感情"等，这些表述往往是用描述内部心理的词语来描述的，而这样的内部心理状态是无法明确和观测的，所以这样的地理教学目标是不精确、不适合的。

四、高中地理教学目标的再设计

所谓再设计，简单来说，就是再次设计。进行地理教学目标再设计，对于运用地理教学目标设计理论，解决地理教学目标设计中的问题具有重要意义。

（一）地理教学目标再设计的意义

正确认识地理教学目标设计存在的问题是解决地理教学目标设计存在的问题的前提。当前，高中地理教学目标设计存在一些普遍的问题，如地理教学目标设计抽象、空洞等。产生这一问题的基本原因是对地理教学目标在地理教学中应该发挥的功能认识不够，即对地理教学目标应该发挥的指向功能、评价功能、激励功能的理解不够。没有操作意义的目标设计（包括表现性目标）是没有意义的。

此外，地理教学目标设计关系模糊也是较为常见的问题。产生这一问题的根本原因是对地理教学目标"知识与技能""过程与方法""情感、态度与价值观"的内容不清楚，特别是对"过程与方法"的内涵不清楚。其中，"地理过程"包括地理观察、地理分类、地理交流、地理推断、地理预测和认识空间—时间关系等基本要素，"地理方法"主要涉及地理观察、地理实验、地理调查、地理比较、地理关系与综合、地理归纳与演绎等。同时，对"知识与技能"（首要目标）、"过程与方法"（关键目标）、"情感、态度与价值观"（终极目标）的统一性认识也较为模糊。

观念上不够重视地理教学目标设计，必然导致地理教学目标设计在地理教学设计中的地位不明确，不能发挥地理教学目标在地理教学设计和地理教学实施中的功能。而对教学目标的再设计可以在很大程度上纠正上述问题，使教学目标设计更为科学，充分发挥教学目标在高中地理教学中的作用。

（二）地理教学目标再设计的路径

1.基于遵循地理教学目标设计依据和陈述方式规范性的再设计

一般而言，教学目标的再设计是基于教学实践过程的反思，对原有的教学设计进行修改或重新设计。

国外学者罗伯茨·布兰登认为，何时需要对教学设计成果进行修改，应该从四个方面来考查：一是教学材料是否过于陈旧（是否有重要的新知识非常适合教学，但教学大纲中没有要求）；二是所设计的教学活动是否引人入胜（学科材料是不是无法引起学习者的兴趣，即使是那些最聪明的、最有探究意向的学习者）；三是是不是呈现方式较差，使学习者无法接受（即使是大多数学习者都有兴趣的内容，也没有触动学习者的兴趣）；四是是不是教学的质和量都无法促进学习（是否有迹象表明，无论怎样教学，学习者的学习效果都没有改变）。这些观点对于明确教学目标的再设计具有启发性。

高中地理教学目标的再设计主要是对地理教学目标设计文本研究的思考。其判断的依据主要是地理教学目标与地理课程标准、地理教学内容和学生发展需要等关系，以及地理教学目标陈述方式规范性等方面，试图通过地理教学目标设计实践，提供可资借鉴、指导的示例，为地理教师进行地理教学目标再设计时做参考。

2.基于遵循地理教学目标设计原则和学生差异性的再设计

地理教学目标设计应该遵循系统性、全面性、差异性和可操作性的基本原则。坚持系统性原则有利于处理好教育目的、地理课程总体目标与地理课堂教学目标及其教学实践的关系；坚持全面性原则，有利于落实三维目标，对发挥"知识与技能""过程与方法""情感、态度与价值观"的教育教学功能具有重要意义；坚持可操作性原则，有利于发挥地理教学目标的指向性、激励性、评价性和反馈性功能；坚持差异性原则，有利于促进每位学生的发展，最终实现"为了中华民族的复兴，为了每位学生的发展"的教育夙愿。

长期以来，地理教师在进行地理教学目标设计时，往往是根据某一课题的教学任务，设计出只有一个水平层次的教学目标作为完成教学任务的基本标准，而忽视了学生之间客观存在的差异性与多样性。由于学生之间学习背景不同，原有的学习基础和经验不同，智力尤其是非智力因素存在差异，学习起点也不尽相同，如果教师用一个水平层次的教学目标要求所有学生，教师的主观愿望与学生客观存在的差异性、多样性和不同需求明显不符，这种教学目标是不可能实现的，或者说，教师制定的教学目标只有部分学生或少数学生能够实现，其余学生或大多数学生是不能实现的，这些学生是在"没有教学目标"的状态下进行学习的。如此往复，不少学生就渐渐地真正远离了教学目标，成为所谓的"差生"了。"地理教学目标的设计要体现准确性、全面性，应是在分析学生学习背景、学习需要的基础上，承认差异、尊重差异、善待差异，依据课程标准和教学内容，结合学生实际设计教学目标。教学目标设计应具有差异性，差异性与学生的发展是并行不悖的。"[1]

运用梯度式设计策略能针对学生原有基础和智力水平层次不同的实际情况，提出不同的目标和相应的教学策略，这样就能使水平较差的学生建立信心、成绩好的学生更加努力；在课堂上有步骤、分层次地向学生展示知识结构，分层次设置思考题，激发不同学生的求知欲望，并使较差学生经过一番努力都能得到发展。

梯度式设计策略就是教师在进行教学目标设计时，根据高中地理课程标准，结合学生的差异特征和认知发展规律，按照教学内容，由低到高、由易到难，设计具有不同要求、不同层次的地理教学目标，以促进不同智力结构的学生发展。

第三节　高中地理教学的原则

一、高中地理教学原则制定的思想指导

制定地理教学原则是一项复杂的理论建设工程，需要综合考虑诸多因素。目前这项理论建设在地理教学论理论建设整体上又处于相对薄弱的状况，所以要制定一套比较完整适用的地理教学原则，必须有明确的指导思想。

---

① 李家清.地理教学目标的差异性设计研究[J].中学地理教学参考,2003(11):8-9.

（一）明确地理教学原则的定位

首先，应对地理教学原则定位、对地理教学原则在地理教学论中的适用范围和层次予以明确。地理教学原则与地理教学功能、地理教学目的、地理课程选材原则和编排原则、地理教材编制原则、教材选定原则、内容表述原则、地理教学中诸育法则 [1]、地理教学中师生关系准则、地理教学方法优选组合原则、地理教学评估标准等都有内在联系和适用分工，它们之间不能互相替代和互相背离，它们之间的关系如图 2-2 所示。

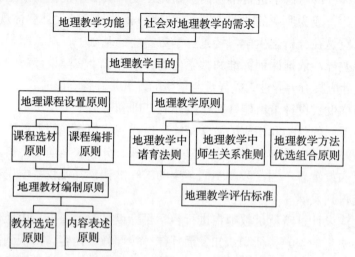

图 2-2 地理教学原则的关系

从图 2-2 可以看出以下几点。

1. 地理教学原则有其特定的地位

一个原则体系，如果没有特定的地位，适用范围大小不定，那么这个原则体系不是空泛化就是受束缚。这两种偏向都不利于提出恰当的地理教学原则的表述。地理教学原则属于地理教学方法论的范畴，不能奢望其代行地理教学论总体法则的功能，也不能将其局限于具体的教学方法范畴或某种教育的法则范畴，地理教学原则应当界定为地理教学过程的活动准则，应当涵盖地理教学全过程。

2. 地理教学原则受制于地理教学目的

地理教学原则从地理教学目的出发，来指导实现这些目的的行动过程。

---

① 诸育法则：指德、智、美等方面的教育。

不能偏重地理教学目的中的哪一个侧面，也不能按照地理教学目的分类来逐一提出相应的原则（重复地理教学中的诸育法则），地理教学目的是综合地体现在地理教学过程中的，地理教学过程是诸育的统一。当然，地理教学原则也不能突破或违背地理教学总目标的要求。

3. 地理教学原则与地理课程设置原则是相互联系的

地理课程总体上还是由国家制定的。地理课程设置原则在时间上先于地理教学原则，地理课程设置原则制约地理教材编制原则，地理课程、课程教材制约着地理教学原则。同时，地理课程、教材及其编订原则贯彻在地理教学过程中，受地理教学原则检验。

（二）覆盖地理教学过程实质的各个方面

地理教学原则指导地理教学全过程，必须覆盖地理教学过程实质的各个方面。从图 2-2 还可以看出以下几点。

1. 地理教学原则指导地理教学过程中各种教育功能的发挥

地理教学原则不仅指导地理教学过程中各种教育的单项法则，而且对协调地理教学中的各种教育起重要指导作用。由于地理学科的特点，地理教学中诸育功能都很强。因此，地理教学原则应当充分发挥各种教育功能。

2. 地理教学原则指导地理教学中的师生互动

现有的各种地理教学原则体系一般都是对地理教师的要求，很少涉及学生的学习活动以及师生的互动。既然地理教学过程是师生教与学的统一，地理教学原则就不能局限于教师教导的层面，而应指导师生活动的全局。

3. 地理教学原则指导地理教学各种方法的优化组合

鉴于地理教学方法方式多样，地理教学原则要求师生应当在掌握各种教学方法的基础上，优选各种适用的方法方式，并且实现优化组合。这也是现有各种地理教学原则体系中注意得不够的地方。

二、高中地理教学的具体原则

（一）五育结合转化的原则

1.教学计划充分考虑五育结合转化问题

在制订地理课程教学计划、单元教学计划和课时教学计划时，教师要充分挖掘德、智、体、美、劳五育因素，充分考虑五育因素如何在地理教学过程中综合体现，并进一步考虑五育之间如何相互转化的问题；要逐步让学生了解和参与教学计划的制订，并过渡到让学生独立制订学习计划，逐步形成五育结合和转化的学习习惯。

2.灵活选择作为载体的教育因素

在地理教学过程中充当载体的教育因素不应局限于知识教学因素。从具体教学内容出发，教师可以灵活选择各种教育因素作为载体，兼容其他教育因素。例如，在能力因素突出的地理教学单元，教师可以设计以能力因素为载体，将知识教学、品德教育、美育、体育和劳动教育因素寓于能力培养过程之中；在思想观念教育因素突出的地理教学单元，也可以以观念、意识、情感等因素为载体，融入智育、美育、劳动教育和体育因素。

3.根据五育结合转化的要求处理教材

严格按照地理课程所规定的地理教学目的来审视地理教材，教材有缺陷的或五育结合转化需要适当延伸的，要做必要的处理，由师生共同补充一些内容。应提高对五育的要求，修改补充教材不足之处，不能以教材为纲来实施地理教学过程。对教材内容和形式进行处理和再创造是地理教学过程中师生共同的经常性教学任务。

4.按照五育要求改进教学评估

地理教学评估必须贯彻地理教学原则，应按照五育的要求，彻底地改革目前的地理教学评估方法，既要改进对地理教师的评估办法，也要改进对学生的考核办法，应当把促进五育结合转化作为地理教学评估的首项标准。为了全面切实评估五育效果，必须改革现行的地理教师评估标准体系和学生考核标准体系，既要扩充评估内容，又要增加相应的评估形式。地理教学评估必须引进过程评估、现场评估、操作评估、应用评估等多种做法，充实和完善地理教学评估体系，促进五育结合转化原则的贯彻。

（二）综合分析人地关系的原则

1.构建以人地关系为主线的教学内容体系

地理教学内容体系，无论是课程整体还是各单元各课时，都必须构建以人地关系为主线的结构。地理教师和学生应当在地理教学过程中养成这一教学习惯。教师要逐步教会学生构建人地关系内容结构的方法，并从中让学生逐步深化对人地关系含义的认识，使学生学会用人地空间关系这一最高层次地理概念统摄地理学习过程。目前的教材在不少地方还不能满足以人地关系为主线的要求，师生应在地理教学过程中做必要的处理。

2.培养综合分析人地关系的习惯和能力

构建以人地关系为主线的地理教学内容体系的过程，就是综合分析人地关系的过程。在地理教学过程中，教师要示范综合分析的方法，让学生了解综合分析的目的和含义，先将综合分析过程分解为"分析—综合—再分析—再综合"的过程，让学生了解如何根据后面综合的需要来选择分析的角度，如何在分析过程中揭示各种有利于综合的关系和联系，如何在综合的过程中区分主要因素与次要因素，等等。每个地理教学过程，无论长短，都要进行综合分析，并最终提高到综合分析人地关系的层面上来。

3.树立社会生态观点

在综合分析人地空间关系的过程中，要逐步树立社会生态观点，逐步增强运用这一观点综合分析人地关系的自觉性。社会生态观的理解和形成，不能脱离人地关系综合分析。在地理教学过程的早期，要让学生逐步了解什么是人类活动、什么是地理环境，理解环境及其主体的相对性。不是从概念的字面上，而是从具体分析人地关系的案例中学会社会生态观念和方法，学会分析主体与环境的相互作用和相互关系。

（三）事理兼学、图文并用的原则

1.采取原理与案例结合的教学方式

贯彻这项原则，必须改变目前还常见的地理事实教学与地理原理教学相分隔的局面。要用地理原理来统摄地理事实，在地理事实教学中提炼出地理理性成果，切不可停留在具体、直观的层面。在信息社会里，特别要防止地理教学养成一批发达国家已经出现的直观形象思维青少年，克服对从感性认识到理性认识过渡的惰性。作为地理原理的案例，不一定千篇一律地采用教材中的例子，可以从当地实际情况出发，采用更接近学生生活的典型地理案例。在学生初步了解地理原理之后，再去分析教材中的例子。

2.采用图文结合的表述方式

在地理教学过程中，要逐步培养使用两种语言，即文字语言和图像语言。师生之间，不但在文字上要有共同语言，在图像上，尤其在地图以外的图像上，也要有共同语言。一定要把地理教学图像从"插图""附图"的地位上解脱出来，使其成为与文字并列的表述方式。教师应视具体教学内容的性质，而决定采用哪种语言作为主表述方式。必要时，可以转换表述方式，即所谓图文转换，在地理教学过程早期可以做一些转换的示范和练习。一个相对完整的地理教学过程，往往要经过"图—文—图—文"多次循环表述，不要停留在某一个中间阶段。纲要信号是图文转换的中介，可以经常使用。既要学会用图来整理地理事实材料，揭示其中的规律，从感性认识上升为理性认识，又要学会用图来解释地理原则，演绎地理原理于具体特定情境，从第一次概括学习上升为具体应用的抽象，并为第二次概括学习打基础。与此同时，也要学会用文字来准确地概括图像信息或解释图像信息。图文结合的表述方式对地理教师、对学生来说都是必须具备的基本功。

（四）发散探索、创新应用的原则

1.提高思维自由度

利用地理教学内容的多样性和联系性，不拘泥于教材中的思路和结论，向地理教学内容的各个分支方向大胆思索，提高思维的自由度。地理教学内容中有许多一因多果或一果多因的复杂情况，可以加以利用，以培养发散性推导的勇气和能力。同一原因引出的相反结果及发散思维正反两方面的结果，都有很高的思维能力培养价值。地理科学研究中的许多悖论可以作为发散思维的训练机会。

2.参考实际规划研究

地理教学成果的创新性应用主要表现在区域整治和发展的规划设想上。局限于课堂教学和教材是不能培养探索创新态度和能力的，必须参与当地实际整治和发展的课题研究，才能找到发散思维和创新应用的机会。当地的土地利用规划、环境治理方案、经济发展规划、环境保护规划等，都富含发散、创新的因素。地理教师要在当地实际规划研究中起示范作用，教会学生规划研究的方法。

（五）师生互动、优化有序的原则

1.以师生互动过程设计教学过程

地理教学过程的设计，不再是地理教师单方面为教师行为所做的设计，也包括学生地理学习过程的设计，不能将师生的行为分开来设计，而应当将师生行为结合起来加以设计，即以师生互动为主线来设计。设计特别要注意不能让学生的学习方法迁就教师的教导方法，而应当摆正主体与中介体的位置，从服务学生的立场来设计教师行为，并求得与学生之间的有效互动。目前，一些地理教师一厢情愿地从自身的特长出发，设计了一些对成人或某些学生来说容易接受的、逻辑关系严谨的教学过程，却没有得到大多数学生的积极回应，而使一些精心设计的"优质课"行之无效，这在地理教学改革中应引起特别的注意。

2.保持师生教学目标的一致

地理教学过程中，师生活动的有效性在很大程度上取决于师生教学目标的一致性，以及由此而产生的师生互动的协调性。师生教与学目标的一致性不局限于以教师为地理教学信息源。在信息时代，地理教师不再是除教材外的主要信息源，教师教导的作用层次更高，主要是指导学生利用各种地理教学信息源提取、加工地理信息。换言之，地理教学过程中的主体、中介体和共同目标都指向客体，即地理课程。师生教学目标一致，才可能发生朝向共同目标的师生互动，教导方法和学习方法才可能协调一致。

第四节　高中地理教学的媒体

一、高中地理教学中的语言媒体

语言媒体是指用言语的形式来承载和传递地理教学信息，它包括有声语言和无声语言两大类。其中，有声语言就是口头语言，而无声语言指体态行为语言，如眼神、手势、体态和表情。

（一）语言媒体的类型

从不同角度出发，地理教学语言媒体可以有不同的划分：按照功能划分，可以划分为系统讲授语言、个别辅导语言和组织协调语言；按照地理教学语言信息流向，可以划分为单向传输语言、双向对话语言和多向交流语言；按照地理教学语言表达方式，可以分为叙述性语言、说明性语言、引导性语言等。下面着重分析三种地理教学语言表达方式。

1.叙述性语言

叙述性语言是教师向学生介绍科学文化知识内容时使用的比较客观的、陈述性的语言。叙述性语言是地理教学中使用频率较高的一种语言媒体，它能比较客观地反映地理事实、地理现象、自然地理要素和人文地理要素的变化过程以及地理事物空间分布与排列等。叙述性语言还可以细分为以下几种具体叙述方式。

第一，纵式叙述，就是根据地理事物在时间上的联系性进行叙述的语言，它主要适用于具有时间性联系的知识。

第二，横式叙述，就是根据事物的非时间性联系进行叙述的语言，如适用于地理事物空间分布的描述、地理成因的分析、地理过程的推理与判断。

第三，交叉叙述，就是纵向和横向叙述结合起来的叙述语言。其基本特点是纵横交叉，组成立体网络结构。

实际上，在地理教学过程中，以上三种语言叙述方式并没有严格的区分。无论哪种叙述性语言，教师在运用时都应力求做到优美、生动、形象，条理清晰，脉络分明。

2.说明性语言

说明性语言指教师在教学中给学生解说事物、剖明事理的语言。它主要对地理学科的概念、地理事物的分布规律、地理成因等做清晰准确、通俗易懂的解说剖析，帮助学生加深理解，形成概念。

3.引导性语言

教师的言语和行为在调动学生主动参与和积极思考方面起到了重要作用，尤其是教师通过语言提示，让学生集中精力，递进思考，把握清晰的逻辑思维主线，使所学内容不断深化，从而达到举一反三的效果。

（二）语言媒体的标准

教学语言是在高中地理课堂活动中用于教学交流与合作的语言，它应具备实现地理教育目标和地理教学目标的双重功能。所以，地理教学语言既应具备教育性和科学性，也应具备启发性和生动性，这些是地理教学语言的基本标准。

1.科学性

科学性是教学语言最基本也是最重要的标准。所谓科学性，就是指教学语言要准确、规范、精练，具有逻辑性和系统性。地理教学语言的科学性主要体现在以下几个方面，第一，要求用地理学科的专业术语讲授教学内容。第二，地理教学语言的推理要富于逻辑性，论述问题要有系统性。第三，地理教学语言要符合语法逻辑及修辞规范，不带语病，不会引起歧义。第四，地理教学语言要干净利索，要求教师不说废话、半句话和空话，尤其是口头语。第五，教学语言要精练。在语言准确的前提下，教师授课应该尽量做到语言精练，讲课不啰唆，很少有口头禅和多余的重复。

2.启发性

地理教师的教学语言不只是简单地向学生灌输知识，还要引起学生的思考，使学生跟随教师语言叙述的思路思考问题、分析问题和解决问题，发展学生的思维能力。这就要求地理教学语言具有启发性。所谓启发性，就是指教师所讲能够引起学生所思，即教师的语言能够调动学生积极思考问题，指引思维的道路或方向，使学生从教师的语言中得到比词语表面更多的东西。

地理教学语言的启发性主要体现在以下几个方面。第一，教学语言要有可接受性。教学语言要使学生能够产生独立思考过程，教师的语言应该适合学生已有的发展水平，是学生能够接受和理解的。学生难以理解的语言只能对学生的学习造成障碍，使他们产生厌倦情绪。第二，教学语言要有可思考性。过于简单的语言同样容易使学生产生轻视心理，不利于刺激他们思维的发展。实际上，可接受性和可思考性是一对矛盾，真正的启发性教学语言应该能够很好地处理两者之间的关系，其程度应该符合维果斯基"最近发展区"理论，即学生经过努力可以理解并产生相应的新的思维过程，获得发展。第三，教学语言要具有趣味性。"有兴趣的语言才具有启发性"是一个基本判断，因为在外界条件相同的情况下，学生对所学内容越感兴趣，就越愿意主动思考。

3.生动性

语言的活泼生动是指教师的语言不死板，灵活丰富，声情并茂，并配以肢体语言，使学生能够在活泼的语言环境中接受学习。若想做到语言活泼生动，我们须要注意以下几点。

第一，地理教学语言要丰富。地理教师要能够运用丰富的词汇去讲述同一类别的内容，使地理教学显得生动活泼。例如，在讲述不同区域时，有时各个区域的典型特征突出，类似的问题也较多，如果总是重复用某一类词汇，教学会显得呆板。

第二，地理教学语言要通俗。在地理教学中，教师要把写文章、教案时所用的书面语言和正式语言转化为口头语言，这样教学才能通俗易懂，亲切感人。口语化的教学语言要求使用规范的普通话，避免使用方言土语；要求使用健康的语言，不健康、不美观的语言禁止在教学中使用。

第三，地理教学语言要幽默。幽默既是教师的基本素质，也是教师自信的重要体现。一名合格的地理教师要善于挖掘地理教学内容中和生活中的幽默因素，进而去营造一种轻松、舒畅的教学氛围。当然，幽默要有一定的尺度，要有利于地理教学沿着正确的方向延伸。

第四，地理教学语言要有情。地理教学语言蕴藏着教师的情感：对学生的情感，对地理的情感，对职业的情感。鲁迅先生曾经讲过："教育是根植于爱的。"它实际上就要求教师在教学过程中要有激情，要有热情，要有深情。

第五，地理教学语言要情理交融。情理交融是地理教学语言科学性和艺术性的融合，特别表现在地理教学中情感、态度与价值观目标的培养上，要求地理教师学会既能晓之以理，又能动之以情。当地理教师对学生进行国家意识、全球意识和环境意识等内容的培养时，一方面，需要用精确的语言告诉学生现实状况和科学道理；另一方面，需要教师用充满感情的语言或语调激起学生强国、忧国、爱国的情感，加强学生对国际事务与国家间相互依存关系的理解。

（三）语言媒体的训练

1.在实践中多讲多练

教学语言的训练可以从语言表达开始，即先阅读，再朗读朗诵，最后演讲。地理教师可以选取一段文章进行分析，选择适当的语言，把它们组合起来，再尝试简洁、生动地表达出来。

从某种意义上说，课堂是教师提高教学语言艺术的"实验室"。教师语言训练一般经过"刻意雕琢"和"回归自然"两个阶段。前一阶段教师完成从不重视教学语言技巧到重视教学语言技巧的转变；后一阶段教师从刻意完成设计意图到淡化技巧、雕琢痕迹的转变。

2.提高自身修养

教学语言艺术展现的是地理教师个人的学识水平和思想水平，它综合体现地理教师的个人修养。地理教师的语言贫乏表现了地理教师思想的贫乏。因此，要想提高语言艺术修养，地理教师必须不断学习，拓宽自己的知识领域，加强在知识方面的修养，这样才能在教学中游刃有余。它不仅要求地理教师知识面宽，而且要求地理教师在地理教学内容上深入探究。地理教师要提高自己的专业修养，具有广博的知识、深刻的思想和新的观念，这样才能做到言有新意、言之有物。

二、高中地理教学中的图像媒体

地理图像媒体是地理教学中最常用的非语言媒体，它可以直观形象地传递地理信息，从而显示地理事物的特征、空间分布、空间联系及变化规律等相应内容。

（一）高中地理图像媒体的类型

地理图像在地理教学中具有文字无法比拟的作用，其直观形象、多维化、空间感强等特点突出。地理图像作为地理信息的载体，在建立空间观念、培养学生空间思维能力方面有独特的优势。研究细化其分类有利于教师整体掌握地理知识的结构体系，有助于他们分析和解决地理实际问题，进而科学有效地进行地理教学活动。

本书划分的地理图像类型不是以科学研究为目的的，而是依据地理图像相近的内容、结构、特点以及相似的应用方法进行分类的，以便于地理教学的实践操作。经过统计地理图像共分为五大类：地图、地理示意图、地理统计图表、地理景观图及地理漫画，五大类图像又各进行了二级分类（地图和景观图以不同内容分类、示意图以不同性质分类、统计图表和其他类型以不同形式分类），具体如表 2-1 所示。

表2-1 地理图像的分类

地 图			地理示意图					地理统计图表							地理景观图		地理漫画
自然要素地图	人文要素地图	地图略图	概念图	剖面图	关联图	过程示意图	原理示意图	曲线图	柱状图	圆形图	坐标图	复合图	数据表格	文字表格	自然景观图	人文景观图	地理漫画

（二）地理图像的应用

1.地图的应用

（1）地图应用的意义。地图是地理教学中重要的信息源和工具，在地理教学中可以提供地理事物的空间分布、过程、联系等信息。不同的地图，如自然要素地图、人文要素地图，突出表现了各主题之间的联系与区别，使知识清晰易懂，且利于培养学生的空间思维能力。而只求形似、不重细节的地理略图，旨在表现地理特征和突出重点，更有助于学生的清晰感知。地图不仅可以帮助学生理解、巩固地理基本知识，也能够培养学生的地图能力。

（2）地图的应用方法。

①认识地图。认识地图就是要让学生从整体上了解地图，包括图名、图例、图中要素（自然要素、人文要素）及各要素间的联系与区别，即地图内容，为学生开展下一步的图像学习打下基础。

②分析地图。现行地理教材中的地图已不再是单一性质的地图，而是多图的叠加。在这种情况下，教师就要综合对比不同内容、不同性质的地图，说明该图所反映出来的地理事物和地理现象间的相互联系、规律及特点。分析地图是在认识地图的基础上的进一步发展，是进行图像教学的关键。

③多维转换地图。在图像学习中做到图像的转换可谓是对原图所传达的信息的变通。但地图转换不是简单按照原图依葫芦画瓢，而是对所理解图像内容的再述、变通，是更高层次的理解地图，从图中抓住重点，领悟规律。

2.地理示意图的应用

地理示意图用单纯简洁的符号显示了地理事物的结构特点或者地理事物间的互相联系，重点突出，清晰明了。

（1）地理概念图的应用。地理概念图，顾名思义就是叙述、展示某些地理概念，或者地理概念中的关键词。地理概念一般为地理事物的突出特点或者形象，用图形的形式表达出来有利于学生掌握地理事物的特征。所以，应用地理概念图时，教师要指导学生找出图文相应的地理概念的关键点或关键要素，并加以理解。

（2）地理剖面图的应用。地理剖面图简而言之就是图像的横断面图，是平面图转换了角度之后的图形，它可以多维地、立体地展示地理事物的构成及特点。阅读地理剖面图时应该与相应的平面图或其他图像对照起来。例如，褶皱图的阅读，应对照"岩石圈物质循环示意图"确定岩层的新老关系位置，进而判断地质构造的类型。

（3）地理关联图的应用。地理关联图重在反映地理事物间的动态联系，这类图像既可以宏观地建构地理事物间的联系，又反映了地理知识的综合性、变化性，有助于教师口头讲解地理知识，也便于学生理解和记忆。在判读地理关联图时，首先，需要辨别图像所表示的是哪些因素的地理事物的联系过程；其次，根据箭头等指示性的符号提取过程信息；再次，分析地理事物的形成、变化过程；最后，掌握图内各个地理要素的位置、作用以及要素之间的相互影响、相互联系、相互制约的关系。

（4）地理过程示意图的应用。地理过程示意图，顾名思义，关键是"过程"两个字，地理教材中的过程示意图也都主要体现了这个地理现象的发生过程。作为主要反映地理事物的时空变化的图像，阅读地理过程示意图时的关键是抓住各个地理环节发展变化的先后顺序，从而分析地理事物的发展及变化规律。

（5）地理原理示意图的应用。地理原理示意图在反映地理成因、原理和规律方面无出其右。判读原理示意图的能力也就是掌握地理原理的程度。判读此类图时，首先要明确所读图像反映的地理事物或地理现象的性质或内容有哪些；其次，分析判断地理事物、地理现象的不同性质、不同内容，各自的时空特点以及形成这种特点的原因；最后，判断图内事物或现象之间的影响关系及相关性。如此，才能真正、透彻地掌握地理原理。

3.地理景观图的应用

（1）地理景观图应用的意义。地理景观图又分为自然景观图和人文景观图，该类图色彩和构图美观，可以直观地展现地理事物和地理现象。它能把学生生活中接触到的抑或无法接触到的地理景观形象地展示给学生。对景观图的判读，可以加深学生对地理事物的感性认识。

（2）地理景观图的应用方法。对于自然景观图，阅读时的重点是紧抓某个自然地理要素。例如，景观图"骆驼刺"，从其根系发达可以推出它生长在干旱的地理环境中。对于人文景观图，阅读时应注重理解自然、社会、经济各要素共同作用下人类的生产、生活现象，当然必须要与教材中的语言文字紧密配合。

4.地理统计图表的应用

地理统计图表是表现地理事物变化以及将地理信息量化处理的一种形式。地理分析由定性描述到定量分析转化是统计图表最大的优势，给人的感觉形象化、简明扼要，非常有利于培养学生的综合思维能力和定量分析能力。地理统计图表按其表现形式的不同可以分为曲线图、柱状图、圆形图、坐标图、复合图及表格等。

（1）地理曲线图的应用。地理曲线图阅读时要注意以下几个方面：①看坐标所表示的内容，分别确定横、纵坐标各表示什么；②分析两个坐标所反映的内容之间的关系；③对曲线的变化过程或者走势进行分析，看横、纵坐标者所表示的内容为正相关关系还是负相关关系；④曲线的大概斜率体现该项地理事物变化速率的快慢，如果曲线并不是匀速变化的，则要分不同阶段进行阅读。

（2）地理柱状图的应用。地理柱状图阅读时应注意以下几点：①了解横、纵坐标的含义，分别确定横、纵坐标各表示什么；②确定横、纵坐标之间的联系；③对柱值、条值的高低进行判断，确定变化趋势；④针对这种变化其背后的原因和对策进行分析。

（3）地理圆形图的应用。地理圆形图用圆面积的大小来表示地理的数量关系，包括扇状图和饼状图。分析该类图像的一般思路如下：①看图名及文字，确定图像的主题是关于哪些方面的地理信息；②分析图中所标各项地理内容单个及互相之间有什么样的关系，以及它们综合起来对表现主题有什么样的影响；③分析归纳图像所反映出来的地理问题或现象，给出科学的解决方案、方法。

（4）地理坐标图的应用。地理坐标图（二维、三维、多维）通常由图名、图轴、图形、图注等组成。判读坐标图时应注意以下几点：①读图名，了解图像反映的内容；②读图例，分清各项图例所反映的地理事物或现象；③读坐标轴，了解不同坐标轴所代表的地理事物的比重或数量等；④分析各要素的比重及各数据的大小值和变化趋势，进而准确判断地理事物、地理现象的特点及发展变化的规律；⑤联系有关地理概念、原理、规律，用文字概括总结。

（5）地理复合图的应用。复合图是以上两种及多种图表的叠加，即兼具以上各类统计图表的特点，阅读时应参照以上图表判读的思路，分解图层，分图判读，进而提取信息，分析判断信息，最后综合图像信息。

（6）地理表格的应用。

①数据表格。数据表格就是将地理数据以表格的形式列示，判读数据表格可以进行数据的对比，因此数据体现出来的地理事物的特征就一目了然，同时联系有关地理事物的原理、规律进行分析，相当于理性地对地理事物做了定性分析。

②文字表格。文字表格是将有对比性的文字以表格的形式总结起来，阅读时可充分利用类比法，比较、分析地理事物、地理现象的特征，以此来简洁迅速地记忆它们的异同点。

5.地理漫画的应用

地理漫画旨在展示人地关系及人地关系协调发展的途径，其往往寓意深刻、让人深受教益，主要用于人地观、资源观及环境观的思想教育。那么，怎样阅读地理漫画呢？判读漫画时，首先要确定漫画所表达的主题是什么，如资源、环境、人口抑或发展问题，然后分析主题产生的前因后果，进行科学规划，针对问题提出合理的解决方法或建议。

三、高中地理教学中的计算机多媒体

（一）计算机多媒体的优势特点

1.与传统教学手段相比，多媒体教学手段直观新颖，情景再现能力强

人类的注意力总是会被自己感兴趣的因素吸引，作为教师的我们在课堂教学活动中可以利用好这一点，以此来吸引学生的兴趣并引起他们的关注，这正是我们提升学生学习效率的关键。教师和学生可根据教学内容、教学时机交叉、重叠或反复使用不同的媒体。而在多媒体教学手法的应用中，我们发现多媒体教学手段中的种种元素能够有效地向学生传递完整而极具表现力的信息，真正地吸引学生，提升教学效果。

2.与传统教学手段相比，多媒体教学手段容量巨大，教学效率较高

从一定意义上说，多媒体教学手段以计算机为平台，通过这一平台来获取大量的优质教学内容。在高中地理多媒体课堂教学中，教师更多地扮演了一个程序员的角色，通过触动程序来展示地理教学内容，在教学手段上出现新的变化，教师的知识来源不再受到教材的限制，而是可以更加轻松地获取感兴趣的知识。多媒体技术的核心是计算机，它将声音、图像和视觉等多种技术结合在一起，将其转变为数字信号，人们可以便捷地对其进行存储、加工、控制、编辑、变换，还可以查询、检索。可以看出，教师充分、高效地发挥多媒体的作用，可以有效地引导学生的创造思维。

多媒体教学方法与传统教学方法有很大不同，节省了大量的手写成本，大大增加了教育容量，提高了讲堂教学效率。多媒体的大内容容量、超高功率特色恰到好处地加快了课堂教学的节奏，同时有利于增强学生的拼搏意识认识，让学生在较短时间内能够承受海量的信息，出色地完成自己的教育任务。

3.与传统教学手段相比，多媒体教学手段沟通方便，分享性好

信息资源的交换和分享每时每刻都在发生，大量的文字、图像和音频信息不断地通过计算机传达。交互性是多媒体技术的显著特点之一，也是报纸、杂志、电视和电影等媒体无法达到的。高科技手段以及教学设施的大规模应用，尤其是多媒体教育网络的建立，使现代化教育与传统教育之间出现了明显差异。各种多媒体手段的迅速推广使教育手段和教育方法以及教育思维方面产生了重大的变革，通过其自身的功能，在让教学过程活起来的同时，也让整个教学过程更具生动性和直观性。

（二）计算机多媒体在高中地理教学中的应用

1.建立多媒体技术和传统课堂教学相结合的教学模式

多媒体技术在生活中的普及应用推动了教育事业的发展，在高中地理教学中应用多媒体技术，可以有效提高地理教学质量。为适应高中教育事业的发展速度，各学校应建立多媒体与传统课堂教学统一化的教学模式，并将教学模式应用到高中地理教学中。这要求地理教师要积极、合理地将多媒体与传统课堂教学统一化教学模式应用到教学中，厘清教学思路和方法，激发学生对地理的学习兴趣，保证学生健康发展。

2. 将多媒体技术合理地应用到高中地理教学中

多媒体技术在地理教学中的应用体现在各个方面，如地图教学、地理位置识别、不同地理位置上国家的文化和地理环境。其中，地图教学应用了多媒体图像技术；地理位置教学应用多媒体视频技术，通过视频技术可以将地理位置以三维、动态的形式表现出来；不同国家文化的学习应用到多媒体文字技术，可以将不同国家的文化具体、形象地传达出来。这样可以最大限度地提高学生对地理学习的求知欲望，改被动灌输为主动探索，非常有利于学生完整地理解地理知识。

3. 要以提高学生地理读图能力和课堂教学质量为教学目标

传统的高中地理教学以提高高考成绩为目的，对地理实践能力的培养力度不够，导致我国高中生中出现高分低能的不良现象，一些学生无法将所学的知识和实践相结合，学到的知识在生活中也无法得到有效利用。为了提高学生的地理实践能力，学校及地理教师要以提高学生地理读图能力和教学质量为地理课堂教学的目标。例如，在中国政区图像教学中，教师可以利用多媒体图像技术及文字技术，对我国黄河轮廓及长江水系图进行描述，将黄河轮廓比作"几"字，将长江荆江段形容为"九曲回肠"，利用多媒体图片技术将长江水系中的洞庭湖、鄱阳湖和汉江展现出来，加深学生对长江支流及其形状的印象，以此作为提高学生读图能力和地理课堂教学质量的有效措施。

综上所述，高中地理教学中应用多媒体技术不仅有利于地理教学质量和效率的提高，而且有利于培养学生的地理实践能力。高中地理教学主要应用到多媒体技术中的视频技术、声乐技术、图片技术和文字技术，这些技术能够科学合理地创设出符合学生实际的地理情境，将地理知识更具体、更形象地展现在学生面前，让他们真实感受到地理的趣味性和实用性，激发学生对地理知识学习的积极性和主动性，有利于学生思维能力和读图能力的提高，有利于教师逐步完善自身的知识系统。

第三章　新课标下的高中地理教学变革

第一节　教师教学理念的变革

观念是行动的灵魂。对教学而言，教师具有怎样的教学观念，就会有怎样的教学策略和教学行为。在以往的教学过程中，教师认为自己只是教材知识的阐释者和传递者，学生只是教材知识的接受者和吸收者。在这种观念的支配下，地理课堂教学的过程就成了教师"表演"的过程，教师始终处于教学活动的中心，学生总是配角、听众或观众。现在，新课程倡导的教学过程，不仅仅是教师教、学生学的简单过程，更是一种师生相互交流、积极互动、共同发展的双边活动过程。教学过程也不仅仅是学生接受知识的过程，更是学生发现问题、分析问题、解决问题、形成能力的过程，是激发学生兴趣、提高学生科学素养的过程。

一、以人为本，实现师生共同发展的理念

长期以来，广大地理教师在教学过程中一直充当课程实施者的角色，他们的创造性受到了压抑；学生充当的是听众，他们的灵感和思维也被凝固了。新课程要求改变"学科本位"的思想，呼唤教师和学生主体意识的增强，促进教师和学生的共同发展。

新课程呼唤教师主体地位的凸显，要求教师以主人的身份参与到课程改革及教学当中，因此他们不再是课程简单的实施者，不再是教学的简单执行

者，也不再是学生学习地理的导演。新课程的实施要促进教师的发展，要让教师与新课程同步成长。没有教师的发展，也就没有学生的全面发展。

新课程呼唤以人为本，即以学生发展为本的理念。长期以来，学生一直作为受教育者，作为被教育的对象，作为接受知识的容器，服从于教材，服从于教师，听话者便是好孩子，高分者便是好学生，学生的自主意识、创造性思维被扼杀。学生整天处于被动应付、死记硬背、机械训练之中，失去了青少年应该有的活泼天性、自我意识。新课程实施要改变这种现状，让不同层次的学生都得到发展，让学生真正成为学习的主体。

此外，实现师生的共同发展还需要建立平等的师生关系。在传统的地理课堂上，教师处于一种绝对的"领导"地位，学生处于被动的、屈从的地位，课堂上强调的是教师对教学过程的控制，关注的是地理知识或地理技能的传递，注重的是学生接受地理知识的多少。不考虑学生的智力差异和接受能力，不考虑学生在课堂上的感受，课堂教学只有单向的"灌输"与"接受"的信息传递。而在新课程倡导的教学过程中，教师与学生是人格平等的主体，教学过程是师生平等对话的过程，教师是课堂教学的组织者和平等的参与者。在课堂中，师生双方要"捕捉"和理解对方的所想所思，并为达成最终的教学目标进行积极的互动和对话。对话的内容不仅包括知识信息，而且包括情感、态度、行为规范和价值观等各个方面，对话的形式是活泼多样的。

二、张扬学生个性，实现教育公平的理念

多年来，我们注意到在普通高中教育的实践过程中，存在着明显的教育不公平现象：学习中的弱势群体受到忽视，后进生受到歧视；课堂上教师对学习成绩好的学生关心多、提问多、指导多，对学习成绩不好的学生关爱少、指责多；教学的起点更多地从学习成绩好的学生着眼等。这样的现象致使学生的两极分化不断加剧，教学管理的难度日趋加大。造成这种现象的根本原因是许多教师在思想深处对学生的评价标准仍然采用"一把尺子""一张试卷"，忽视了学生个性发展的差异。这种现象最终导致教育逐步失去公平性。

事实上，每个学生原有的知识基础、能力水平、学习方式、学习倾向存在着明显的差异，他们的禀赋、潜能、兴趣、爱好等也不相同，我们不应采用生产"标准件"的方式来教育学生。新课程要求教师在教学过程中关注到每一位学生，了解每一位学生的兴趣、爱好、学习特征，关注每一位学生在

学习过程中的表现和状态，把握他们的心理活动和情感体验，眼睛不只要放在优等生群体身上，还要关注到学习中的弱势群体，实现教育机会的均等公平。

"学习对生活有用的地理"乃《义务教育地理课程标准》（2011年版）中的内容，不符合本章标题"新课标下的高中地理教学变革"，故予以删除。

三、追求地理教育价值的理念

知识与技能、过程与方法、情感态度与价值观三个方面的整合，是新课程的价值追求，也是高中各个学科共同的课程目标框架。

传统的地理课堂教学过分强调认知目标，教师在课堂上十分注重地理知识和地理技能的传授，忽视对学生智力的开发、情感的挖掘、态度的培养等，这是片面认识学生发展、坚持"知识本位"理念的一种体现。

新的高中地理课程改革追求地理的教育价值，以促进学生的全面发展，力求做到知识、能力、态度的有机整合，实施地理素质教育来构建地理课堂教学的目标框架。因此，课堂上教师的首要任务是培养学生正确的地理观念，以及运用地理观念分析和解决问题的能力。广大地理教师要引导学生关注现代社会中的人口、资源、环境问题，以及我国改革开放与社会主义现代化建设中的重大地理问题，弘扬科学精神和人文精神，培养学生的地理创新意识和实践能力，增强他们的社会责任感，强化可持续发展观念，帮助他们形成文明的生活与行为方式，这是时代赋予高中地理教育的使命。

"学习对终身发展有用的地理"乃《义务教育地理课程标准》（2011年版）中的内容，不符合本章标题"新课标下的高中地理教学变革"，且所述内容出自旧版初中地理课程标准，故予以删除。

第二节　教师教学模式的变革

一、从注入式到启发式教学的变革

所谓注入式教学，是指在教学中，教师仅用自己的主观意愿向学生灌输新的知识，学生机械、被动地接受知识的教学方法。启发式教学则是指在教学中，教师从客观实际和学生的认知水平出发，拒绝单纯的知识传授，点燃学生的学习积极性和主动性，使学生愉快自主学习的教学方法。在新课程标准的指导下，高中地理教学正在实现从注入式到启发式教学的变革。

（一）启发式教学概述

1.启发式教学的理论基础

启发式教学是基于大量学习理论发展起来的。例如，布鲁纳的发现学习理论指出，学习不仅要让学生掌握知识，更要让学生去享受探索知识、原理的过程；再如，奥苏贝尔的有意义学习理论在于创设问题情境，引发学生对知识的兴趣，激发学生学习的内在动机，使学生产生需要学习的心理。另外，自然科学方法论的基础是自然现象和科学实验，用科学方法展开的探索过程。它根据提出问题、分析探究、解决问题、迁移发展（再提出问题）来确定教学程序，对学生智力的发展和提升有很大帮助，有利于培养学生独立求知和研究能力。这些理论都支撑着启发式教学模式的发展。

2.启发式教学的基本原则

（1）注重知识的传授，更强调思维能力的培养，实现人的全面发展。现代启发式教学实现从以知识传授为主转变为促进人的全面发展，以培养创新和实践能力为主，从而达成在知识、能力和素质上促进学生协调发展的素质教育目标。

（2）坚持教师的主导与学生的主体相结合。教学要始终体现以学生为主体、以实验为基础、以能力方法为主线的精神，强调教学的探索性和研究性，有计划地培养学生的各种能力，继而更多地体现学生的主体地位。

（3）开放式教学。启发式教学在教学过程和方法上，注重师生之间的交流，强调开放性与不确定性，注重学习过程与认识过程的统一，掌握知识与发展能力的统一。

3.启发式教学的特点

（1）启发式教学是以学生为主体的教学。以学生为教学主体并不是指学生自己完成教与学的过程，这个主体是指教师引导下的主体。学生作为主体，受动性、依存性强，因此在教学过程中学生学习必须在教师引导下进行，而不能随意且无意义地学习。启发教学还要注意调动学生作为主体的主观能动性，要想提高教学质量，调动和激发学生的积极性与主动性是必不可少的，使其内在的潜能得以激活。

主体间的民主性体现为师生之间和学生之间的平等对待。师生间平等是指师生之间和谐民主，相互尊重信任，为学生主体性的发展提供了前提和基础。学生之间也要平等，即平等接受指导教育和发展的机会。

（2）启发式教学是师生互动式的教学。注入式教学传递的是单向信息，仅由教师单纯传授给学生。而启发式教学是双向信息的传递，教师向学生发布信息的同时，学生也可以向教师传递信息。[①] 师生之间的有效互动可以增强教学效果，培养学生勤于思考、乐于沟通的习惯。

（3）启发式教学是个性化的教学。传统教学中，教师只是按照教材和教参为学生机械地传授知识，教学方式大众化，效果不是很好。启发式教学中，教师可以根据教学目标，融合自己的特色和优势，设计适合学生个性发展、符合学生兴趣爱好的方式进行教学，这大大优化了教学方法，为教学注入了新的血液，每个教师有个性的教学方式，每个学生有个性的学习方法，各得其所，使学习最优化。

启发式教学强调教学不仅要教会学生基本知识和技能，还要让学生掌握学习的方法，促进学生身心发展。它以调动学生积极思考为中心环节，以开发学生智力、促进学生和谐发展为主要任务。

（4）启发式教学是增强个体幸福感的教学。"知之者不如好之者，好之者不如乐之者。"这句话体现了启发式教学追求的最终目的在于提升学生学习和生活的质量，使之成长为自由、全面、幸福的人。

（二）高中地理启发式教学

1.高中地理启发式教学的必然性

（1）启发式教学符合高中地理教学规律。地理学是拥有较强基本概念和规律性、重在培养学生逻辑思维和分析推理能力的自然学科。因此，地理教师在教学活动中，应通过问题的提出来激发学生的求知欲，通过问题引导学生积极思考，使其主动参与、乐于探究，积极交流与合作。启发式教学的精髓是设疑启思，变教为导，充分发挥学生主体作用，师生互动参与学习，学生可以在认知和实践中表现其自主性、创造性和主观能动性。

---

① 洪婵.互动式教学在艺术设计专业中的创新应用研究 [J].西南农业大学学报（社会科学版),2013,11(8):166-167.

（2）启发式教学与高中生学习地理的心理特点相适应。在兴趣方面，高中地理知识与生活有许多联系，能为学生更好地生活服务。地理教师适当启发诱导，不但能增强学生学习地理的兴趣，还能培养学生积极学习的内部动机。在思维方面，高中地理的概念和规律具有逻辑性，许多地理问题的探究也需要调动地理理论的知识和规律。这时的学生思维表现为独立性和批判性，他们比较愿意相互探究讨论，凡事据理力争。而启发式教学在直观教学的基础上，主要训练思维，从而达到培养学生能力、开发学生智力的教学根本目的，这是与高中生的地理培养要求相吻合的。

（3）启发式教学体现地理新课标理念。地理新课标的主要目标是培养学生学会学习、学会做人，倡导学生自主学习、肯探究、勤动手、喜创新，在教学中循循善诱，因势利导。显而易见，启发式教学倡导的精神正展现了新课标中的培养学生实践能力和创新能力的理念。

2.高中地理启发式教学的方法

（1）直观启发。人的认识过程是从知觉感官开始的，通过认识事物表象理解深层含义，通过感性思维上升到理性思维。因此，地理教学也要认识到学生这一感知事物的特点，教师需采用直观的教学方法和手段，充分利用实物直观、图像直观、模型直观等教学方法，或采用多媒体教育手段，借助视频、音频、动画、课件等使学生接触客观事物，将具体感受结合抽象思维，这样才能更好地使学生理解教学内容，提高教学效果。

（2）举例说明。高中地理知识理论部分理解起来有时需要较强的空间想象能力以及抽象的思维能力，但有些学生空间想象能力较弱，这就需要教师在讲到抽象难懂的概念时予以举例说明，以帮助学生更好地理解，这也是一种对知识启发的方法。

（3）设疑启发。高中生正处于充满好奇心的年龄阶段，在教学中教师要抓住学生这一特点，设计巧妙的问题引人入胜，制造悬念，层层逼近，引起学生探索知识的欲望。例如，大气运动的知识是人教版高二《地理·选择性必修1：自然地理基础》中自然地理的重点，初中地理对该知识的探究程度仅停留在运动的现象，而高中地理的推理性更强，学生学起来难度会更大。这时，我们要用利生产生活的实例进行巧妙设问，提高学生探究的兴趣。

（4）情景启发。著名的心理学家赞可夫说过："教学一旦触及学生的情绪和意志领域，触及学生的精神需要，就能发挥高度有效的作用。"[1] 高中生是活泼好动的群体，教学活动是他们最喜欢的课堂参与方式。如果是精心创设的教学情境，学生可以身临其境地去感受，他们学习的积极性更强，教学效果事半功倍。

（5）主线启发。教师首先应该从整体上了解教材的知识体系，明确每章每节需要培养的知识与技能、过程与方法、情感态度与价值观，有一套相对应的教学计划，这样才能在教学过程中做到循序渐进，逐渐启发，诱导深入，让学生通过复习、练习以及与实践相结合的方法形成自己的认知网络。

二、从讲授法到学导式的变革

讲授法即教师用通俗易懂的语言向学生系统连贯地传授文化科学知识的一种教学方法。讲授法是一种传授型的教学手段，又是一种接受型的学习方式。学导式教学方法就是以启发学生智能、引导学生自学为主的教学方法。学生的"学"是首位，教师的"导"服务于学生的"学"，在学导式教学法中遵循学在导前、学中求导、学导结合的原则，目的在于引导学生学会辨析学科课程学习的目的，学会自学、自我完善，做到学以致用、优化智能、勇于实践、敢于尝试创新。从讲授法到学导式，也是新课程标准影响下的一种教学模式的变革。

（一）学导式教学概述

1.学导式教学的理论依据

（1）心理学依据。人的学习活动具有目的性、计划性、主动性和指向性。建构主义学习理论认为学习是构建性的，学生的学习是个体主动获取外部信息并加工，构建自己知识的过程，它强调学习者的认知主体作用，而教师的作用在于辅导、引导、激励学生，帮助和促进学生的知识构建，并且教学要引导和增进学生之间的合作。学导式教学以"学"为主、以"导"为辅，能最大限度地使学生主动参与到获得知识的过程中，凭借自己努力去发现并解决问题，学习过程更深刻，对所学知识理解更深透，从而提升学习效果，同时亦有利于提高学生学习兴趣。地理学科是一门综合性学科，涉及知识面

---

① 张春刚.情境教学法的实践分析[J].中学语文,2018(12):95-96.

较广，良好的学习兴趣有助于学生处于良好的地理学习心理准备状态，主动去获取更广、更深的地理知识。

（2）教育学依据。教学是教师的教和学生的学相结合的活动，是学生在教师指导下，掌握文化科学基础知识和基本技能，发展能力，增强各方面素质的教育活动。教学过程体现教师有目的、有计划地引导学生掌握基础知识和基本技能，培养学生科学的学习方式、思维方式的过程。巴班斯基的教学过程最优化理论追求用较短的教学时间取得最大可能的教学效果。教学形式和教学方法的优化亦作为其中不可缺少的一部分。为顺应社会发展需要，现代教育学理论针对教育领域各方面变革的研究不断深入。在课堂教学改革中，教学模式改革的探讨逐步成为重点关注内容。学导式教学作为有别于传统教学的方法，其实践、实验运用的研究亦不容忽视。地理教学亦追求用较短的教学时间，取得最良好的教学效果。运用学导式教学法也是追求在较短的教学时间内让学生获取更深更广的地理学科知识，获得更高更强学科技能。

2. 学导式教学的优点

（1）调和课堂教学环境中的学生与教师、学生与学生之间的关系，使教师、学生情感和谐、协调，营造出融洽与合作的教学环境。地理教学在新课程改革下更多地要求学生在学习中的合作与探究，学生与地理教师、学生与学生之间情感的和谐、协调程度亦会影响学生的地理学习态度，亦需要师生之间、生生之间加强团结互助。

（2）教师起疏导、点拨、调控、评价的作用，学生在教师的疏导、点拨下可快速有效提炼知识信息。地理涉及的信息类别多且复杂，信息量大，教师的引导与控制作用有助于引导学生筛选、精简有效地理信息。

（3）体现"学生为主体、教师为主导、训练为主线"。学导型教学具有综合性的阅读教学方法，强调学生的积极参与，以激发学生地理学习热情，培养学生独立、自主的学习并获取知识的能力。

（4）实现教学中主体与客体适时的转化，发挥学生的学习能动性，使学生在受教的过程中更多、更有效地"学"。在整个教学过程中，"教"与"学"同步进行，传授知识、培养能力、发展智力一起抓，有利于培养学生整理、分析、综合、归纳、解释地理知识，以及联系生活实际和社会实践等能力。

（二）高中地理学导式教学的应用

1. 问题导入法

（1）创设地理问题。该环节设置的主要目的在于激发学生的地理学习兴趣，营造良好教学氛围，调动学生参与教学活动的积极主动性，为教师进行下一步的地理问题呈现、引导学生地理探究创造条件。创设的地理问题要新颖、扣题，尽量将高中地理课本知识与生活实际、实践中的地理相结合，使教学知识生动鲜明、形象具体且浅显易懂。同时，应关注热点地理问题，以诱发学生好奇心和求知欲。

（2）呈现地理问题。地理问题的呈现是为了引导学生进行探究，因此最好选择学生所熟悉的乡土地理环境、现实生活问题、存在或发生在学生周边的地理事件来呈现。学习课题问题难度拟定要根据学生的认知能力差异和认知规律，呈现的地理问题既包括教材内容的问题，也包括教材之外与教材内容密切关联的现实地理问题。

（3）探究地理问题。此环节为学生在教师适当思路的指引下，对教师所呈现的地理问题进行解答的过程。在问题的解答过程中学生难免会遇到一些难度较大的障碍，这就需要教师及时正确地加以引导，以保证地理问题探究活动即问题解答的过程能顺利进行。例如，"分析哪些因素在本地区农业区位选择中起的作用越来越大"这个问题，教师要引导学生先认识并总结当地农业区位条件、农业发展现状及存在的优势、面临的问题及措施，再做综合分析。此环节旨在使学生获得地理基础知识，培养学生地理科学思维及地理应用能力，使学生养成独立探究、思考的习惯，培养学生爱家乡、祖国的感情。

（4）问题反馈调控。该环节为学生各抒己见，教师对学生独立探究获得地理问题的解决方法以及对其想法、见解做出相应的评价和验证。调控探究活动要避免课堂探究讨论偏离主线。

2. 图导法

图导法即引导学生通过读图、析图、填图和绘图等手段，直观、形象、提纲挈领地掌握所学知识。

地理学科最突出的特点是在表达空间概念、地理事物的空间结构联系及其发展变化的过程会大量地运用多种地图、图表、图片。直观教具的地图、图片等是形成地理记忆表象的主要途径，它具有许多突出的优点，如不受时间、空间的限制；教师可以根据教学需要选择地理图像，突出地理事物的主要特点，易于学生观察、形成正确的地理表象；其具有生动鲜明的形象，可以引起学生的兴趣，有利于促进学生无意识记忆。因此，教师充分利用图片及直观教具演示地理事象，可降低庞杂的地理知识的难度，激发学生学习的兴趣，培养学生的读图习惯。

在教学过程中或课后，教师要求学生绘制图表，给学生动手实践的机会，培养其绘图能力。教师通过绘制图表，把地理知识落实到图表上，使繁杂的地理事物变得简单直观，化难为易，化抽象为具体，引导学生通过各种感官感知地理事象，并在头脑中建立起种种完整的地理表象，可以使学生进一步掌握相关地理知识，提高学生学习兴趣；通过绘制地理图表，巩固旧知识、学习新知识，加深对知识的理解和记忆；通过绘制图表，不仅使学生学到根据数据、文字描述来绘制示意图或列统计图表等方式能直观表现地理事实及其特征、规律，培养他们设计和使用图表的能力，而且能大大提高学生判读和分析各种地理图表内容的能力，发展联想思维能力。

高考对考生利用图表资料进行运算、分析、判断的能力也颇为重视，因此在高中地理教学中，教师要充分利用地理教材中的地图、图片，让学生练习析图、填图，注重培养学生通过读图、析图、填图和绘图分析、理解、记忆地理事物和地理现象的能力。

3.纲导法

纲导法指使用表格纲目等形式将地理知识网络化、纲要化、系统化，方便学生快速理解和掌握地理现象的内在联系。

纲导法的运用尤具普适性，如《宇宙中的地球》一章，是高中地理必修课程中难点较多的章节，同时也是整个高中地理学习的重难点，其包含的知识内容与其他章节知识联系密切，因此应采用纲导法对知识列表，归纳纲要，理清学习的脉络主线。学生顺着知识干线理顺知识点之间的"前因后果"，实现对知识的融会贯通、加深理解，从而逐步攻克重难点问题。随着难题一个个被解决，学生对地理学习兴趣也会增加。

4.交叉引导法

在实际教学中，有时教师将多种引导方法综合使用，从而更好地发挥学导式的作用，更利于引导学生的思考，以达到提高学生综合学习能力和思维能力的目的。在地理教学过程中，教师要灵活设计教学方法方案，结合课堂实际需要，勇于创新与实践，提高自身教学素养。

三、从粗放教学到集约教学的变革

（一）粗放教学与集约教学的提出

粗放教学与集约教学是经济学融于教育学之后的产物，是脱胎于经济发展过程中的两种不同的教育方式。古典政治经济学家李嘉图等学者最先在地租理论中提出了"粗放"和"集约"两个名词，粗放可以译为外延、广泛，集约可译为内涵、密集。随着时代的发展，李嘉图等人提出的粗放和集约的内涵也在不断丰富和变化，其引申的含义由最先的农业范畴扩展到后来的工业生产范畴，然后又延伸到社会经济领域，到现在又出现在教育领域。众多学者将粗放的定义为投入多、产出少的模式，即在寻求增长的过程中以不断增加生产要素（物力、人力、财力等）来换得增长的模式；所谓集约，指投入少、产出多的模式，即在生产过程中不是以不断增加生产要素的投入来换取增长，而是通过自身不断优化、不断提高效率、不断降低单位的能耗和物耗，用较少成本取得较多的成果的模式。

经济领域的粗放和集约引申到教育领域就产生了粗放教学和集约教学。粗放教学指教学主观投入低、教学的目的性和方向性不明、教学把握不到位，在教学过程中，主要是通过师生之间拼体力、投入大量时间来进行的教学形式。这种教学形式具有高消耗、低效率、重负担的特征。集约教学是与粗放教学相对而言的，它是指在教学中，师生通过自身主动地参与、充分发挥自己的主体性，并运用科学的教学方法进行的教学形式。这种形式具有低消耗、高效率、轻负担的特征。集约教学与新时期提倡的教学相适应，是现代教学发展的方向之一。

（二）高中地理从粗放教学到集约教学的变革

1.地理教学中要把课时备课、单元备课和整体备课相结合

备课是上课的前提，备课的充分与否和教学的效果成正相关，零散的备课属于粗放教学的范畴，而整体备课属于集约教学的范畴。在地理教学中，教师要注重整体把握备课的内容：一方面，地理教师在备课时要注意地理这门学科的逻辑演变和历史发展过程，即把逻辑与历史相统一；另一方面，除注意学科内在联系以外，还要把握地理学科与其他学科之间的联系，这种联

系既有以历史为导向的纵向联系，也有以逻辑关系为导向的横向联系。

因此，地理教师在备课时，要随时注意搜集相关的教学素材和浏览相关教材，只有丰富了自己的知识，才能对学生可能提出的问题有的放矢，有利于教师形成有效的知识网络，把握学生学习的实际情况，从而增强教学的效果。同时，教师在备课中要重视地理知识的纵横联系，要在地理教学中体现地理教学的整体性和地理知识间的联系性。只有整体备课，才能够确保教师教学的顺利进行；只有把握好学科内和学科间的纵横联系，才能够更加充分地发挥教学的整体作用。

地理教学要实现从粗放到集约的转变，就要在教学中处理好整体与部分的关系，尽量做到使教学的内容有整体感，因为有了整体才能从全局把握教学的实施，才能把孤立零散的知识联系起来。因此，地理教学的最佳策略应遵循整体—部分—整体的流程。每一节地理课都可以看作一个小小的整体，一个单元包括了几节地理课，相对而言又是一个较大的整体，而一门课程或者一本教材又是一个更大的整体。所以，在教学中，我们首先要解读课程标准和考试大纲，然后从整体的角度来理解次一级的内容。

2.地理教学要侧重学生人格、知识和能力三者的统一

集约教学要求教师始终把确保学生的健康放在第一位，这里的健康既包括心理健康又包括身体健康，同时在教学中也要注重学科的科学性。在课堂上侧重学生人格、知识和能力三者的统一，注重健康和环境的作用，这是集约教学对教师的基本要求。对此，要力争从以下几个方面做起。

第一，要尽力在教学中做到"教、学、做合一"（即知即传、个性发展、知行统一），因为这样有利于把知识和能力联系起来，促进两者的相互转化；第二，要尽力在教学中做到真、善、美的统一，要具有正确的观点、科学的方法和高尚的情操，要能够把学习知识和培养完善的人格结合起来并相互转化；第三，力求在教学中实现德、才、识的统一，要有理论联系实际、主动探索问题和不断创新的精神，要实现人格和能力的统一与相互转化、相互促进。

3.地理教学要把吸收信息、输出信息、反馈信息和评价信息相结合

学生的学习活动是一个完整的反馈过程，学生在教学活动中吸收信息并输出信息，然后通过练习等手段来反馈与评价吸收或输出的信息是否正确。在这个地理学习过程中，吸收、输出、反馈与评价是一个不可分割的整体，同时四者的教学间隔不能太长，要注重对信息的及时反馈与评价，否则就会

大大影响学习的质量和效率。因此，在地理教学中，教师与学生应该把发现问题、解答问题、讲评问题、问题改错有机地结合在一起，把看书、思考、讨论、评价结合起来，把讲授、测验、改卷、评讲结合起来，并且教师在地理教学的几个阶段中要把握好时间间隔，不宜过长也不宜过短，获得的信息要及时反馈。

4. 教、学、研并进

所谓的教、学、研并进，是指教师在教学过程中不仅要能教、能学，而且还要能研究，即把勤教、博学和深研结合起来，三者要做到齐头并进，相互匹配。孔子说过："学而不思则罔，思而不学则殆。"同样的道理，"教而不学则罔，学而不教则殆"，"教而不研则罔，研而不教则殆"。因此，优秀的地理教师往往能够很好地处理教、学、研三者的关系，他们在这三方面追求精深、创新和卓越。

5. 有效使用地理教学的课堂时间和课堂空间

"课"是一个时间概念，它具有时间的不可逆性，那么"课"这一形式的内容——教学活动也同样具有不可逆性，所以，教师和学生在地理教学中要珍惜时间，努力在有限的时间内达到最好的教学效果。教师在教学时间上应该注意以下几点。

（1）根据教学大纲，合理安排教学时间；全盘考虑整个教学的进度，使进度与课时相结合。

（2）充分利用时间，课时教学目标要明确，知识量和随堂训练量合理配比。

（3）课堂教学中，教师要善于监控教学，学生要能够自我控制，同时要注意课堂时间的安排。教师要提前做好上课准备，题外话应迅速带过，学生则应注意力集中，能够自我控制。

（4）促进教学空间的和谐化。在教学中，只有教学气氛和谐，才能达到最好的教学效果。教学空间和谐化主要是教学活动中的地理教材、学生、教学媒体和教师等多种因素综合的结果。

第三节　学生学习行为的变革

一、学生学习行为变革的理论基础

（一）建构主义学习理论

建构主义认为：①学习是一个积极主动的建构过程。在这个过程中，学生不是被动的信息吸收者和刺激接受者，他们需要对外部的信息和刺激进行选择和加工。②知识是个人经验的合理化，而不是说明世界的真理。教学应该把学生现有的知识经验和存量知识作为新知识的生长点，引导学生用当前已有的知识经验实践新的信息，并且在新信息与旧的知识经验不一致的情况下解决这些矛盾与差异。③知识的建构并不是随心所欲的。在学生建构知识的过程中，教师应重视学生对各种问题和现象的理解，注意倾听学生的心声，洞察这些想法的由来，并以此为依据引导学生丰富或调整自己的理解。④学习者的建构是多元化的。建构对象的复杂性、个体先前经验的独特性以及个体学习情感的特殊性决定了每个学习者对事物意义的建构是不同的。这在学习者的共同体中恰好构成了一种宝贵的学习资源。所以，合作学习受到了建构主义者的广泛重视。

地理教学中，教师应该努力创造一个适宜的学习环境，使学生在已有知识和经验的基础上积极主动地建构他们自己的知识。地理学习应该强调理解的质，而不仅仅是信息的量。

（二）多元智能理论

多元智能理论认为智力是在某种社会和文化环境的价值标准下，个体用以解决自己遇到的真正难题或生产及创造出某种产品所需要的能力。人的智力至少包括 8 种能力，同时，智力不是以整合的方式存在而是以相互独立的方式存在的，各种相对独立的智力以不同方式和程度有机地组合在一起，使得每个人看起来都"与众不同"。每个人的智力都有其独特的表现形式，每一种智力又都有多种表现方式，所以，我们很难找到一个适用于任何人的统一的评价标准来评价一个人聪明与否。

多元智能理论的提出给传统教育观念带来了巨大的冲击。该理论倡导一种积极的学生观，提出教育应该在全面开发每个人大脑里的各种智能的基础上，为学生创造多种多样的展现各种智能的情景，给每个人以多样化的选择，使其扬长避短，从而激发每个人潜在的智能，充分发挥每个人的个性。同时，多元智能理论倡导"对症下药"的因材施教的教学观。新的教学观要求教师根据教育内容以及学生智能结构、学习兴趣和学习方式的不同特点，选择和创设多种多样的、适宜的、能够促进每个学生全面充分发展的教育方法和手段。地理教学同样应该尊重学生的个别差异，允许学生张扬个性，鼓励学生大胆质疑，注重学生的主动参与和合作学习。

二、学生学习行为变革的具体内容

（一）学习理念的变革

学习行为的变革首先取决于学习理念的转变。

1. 终身学习的理念

国际 21 世纪教育委员会在给联合国教科文组织的报告中指出：各级各类学校学生的学习方式应该是多种多样的。学校教育的重要任务之一就是要培养学生终身学习的兴趣以及终身学习的能力。[①] 为此，教师要尽可能地培养学生对学习活动的兴趣，让他们明白学习对一个人生活和发展的重要性。如今是知识大爆炸的时代，也是"学习化时代"，这本身就是一场"学习的革命"，每个不愿被社会淘汰的人都必须认真学习，将读书纳入生活。学生需要这样去做，教师也需要这样去做。

2. 学会学习的理念

学习的过程是主体参与下的主动学习的过程。学生是学习活动的主人，教师只是学习活动的组织者、引导者与合作者，不能替代学生的自主学习过程，教师的教是为了不教，教会学生学会学习才是教育的最终目的。

美国的一项研究结果表明：一个大学毕业生一生所用的知识中，10% 左右是直接从学校学习得来的，其余是后天学习得到的。这是不是说学校教育

---

① 李子军. 新课程理念下的初中数学专题课教学模式初探 [J]. 中国科教创新导刊，2009 (33):14.

就不重要了呢？恰恰相反，时代的变迁给学校教育提出了更深刻、更具根本性的问题——必须教会学生如何学习，让学生获得终身学习的能力。面对知识经济的到来，面对浩如烟海的信息，不会学习的人无异于茫茫大海中的一叶小舟，终会迷失航向，或是被大海所吞没。在这种背景下，"学会了学习"就是掌握了认识世界的工具。中国古语"授人以鱼，不如授人以渔"就是在阐述这一道理。

3.学习有用地理的理念

新的高中地理课程标准指出，地理课程要"从学生的全面发展和终身学习出发，构建体现现代教育理念、反映地理科学发展、适应社会生产生活需要的高中地理课程。要引导学生关注全球问题以及我国改革开放和现代化建设中的重大地理问题"，要"设计具有时代性和基础性的高中地理课程，提供未来公民必备的地理知识，增强学生的地理学习能力和生存能力。关注人口、资源、环境和区域发展等问题"。美国教育家杜威主张"教育即生活""学校即社会""在做中学"。他认为教学的出发点和归宿应当是学生的发展需求。可见，新的高中地理课程已经从纯粹的"地理科学世界"走进现实社会，走进学生的生活。教师应通过地理教学活动，增强学生的生存能力和生活能力，"提高生活质量"，使学生学会和创造健康向上的生活方式。

（二）学习方式的变革

转变学习方式就是要转变学习的他主性、被动性，把学习过程变成学生主体性、能动性、独立性不断生成、张扬、发展、提升的过程。这种学习观的变革意味着要改变学生的学习态度、培养学生的学习责任感，并使学生养成终身学习的愿望和能力。

1.自主学习的方式

所谓"自主学习"，是相对于"被动学习""机械学习"和"他主学习"而言的，其特征主要表现为以下几个方面。

第一，学生参与确定学习目标，制定学习进度，参与设计评价指标。

第二，学生积极主动思考学习的策略。

第三，学生在学习过程中有内在动力的支持，有情感的投入，能从学习中获得积极的情感体验。

第四，在学习过程中，学生对认知活动能够进行自我监控，并做出相应的调适。

可见，自主学习是一种高品质的学习，可以激发学生强烈的学习需要和兴趣。学生在此过程中能获得深层次的体验，有效地促进自身的发展。

2.探究学习的方式

所谓"探究学习"，是指教师从学科领域或现实生活中选择和确定研究主题，在教学中创设一种类似于学术研究的情境，学生通过自主发现问题，亲自试验，操作，调查、搜集与处理信息，进行表达与交流等探究活动，在知识、技能、情感与态度等方面获得发展，特别是探索精神和创新能力得到发展。

与接受学习相比，探究性学习方式突出了教师的诱导作用，创造了一个以学生为中心的探究知识的过程，为学生自主学习提供了空间。探究学习具有更强的专题性、实践性、参与性和开放性。学生通过探究过程，可以获得能力发展和深层次的情感体验，运用、巩固并掌握知识，获得解决问题的基本方法。

进一步来说，高中地理探究性学习具有如下几个特征。

（1）参与学习过程。探究学习要求所有学生都参与学习过程，让他们通过一系列的探索活动去发现结论，而不是直接获得现成的结论。其具体表现为：学习内容具有明显的问题性质，教师通过课前精心准备的材料和设计的问题组织教学活动；学生对问题的思考体现了地理学科区域性和综合性的特点，是注重人类活动与地理环境的相互关系的表现。

（2）平等与合作。在探究学习中，每个学生都有机会取得成功，学习的成果是学生合作的结果。同时，教师与学生的关系是平等的，教师是学生的朋友、伙伴。因此，探究学习是一个合作的过程，而不是竞争和对立的过程。

（3）鼓励创新。在探究学习中，教师鼓励学生自由想象，提出各种假设和预见，充分尊重学生的思想观点，使学生敢想敢干，富有创新精神。教师在教学中的作用为提供问题的背景材料，组织学生讨论和交流，鼓励学生发表不同的意见，并逐步把讨论引向深入。

探究式学习所具有的这些特点正是目前我国新课程改革大力提倡的，是培养学生创新精神和实践能力的有效途径。

3.合作学习的方式

所谓"合作学习"，是指为了完成共同的学习任务，采取小组或团队的形式，彼此之间明确责任和分工的一种互助性学习形式。合作学习具有以下特点：第一，相互之间积极支持和配合，特别是面对面促进与互动；第二，为完成共同的任务，各自承担着一定的责任；第三，通过协商和沟通，建立和维护成员相互之间的信任，有效地解决组内冲突；第四，在组内进行加工和成效评估，并及时进行矫正。

合作学习是终身学习的必备素质之一，也是学会学习的重要途径。在合作中，学生自身价值得到体现，潜能被激发，求异性思维得到培养。通过合作学习的方式，每个学生都有机会提出自己解决问题的方法，同时，也分享别人的思维成果。在讨论和争辩的过程中，学生的思路会变得越来越明晰，学习的自信心会不断增强，分析问题、解决问题的策略会越来越全面、完整，创造性思维会不断得到培养与训练。

在合作学习中，教师要对学生进行个人责任教育，要营造合作学习的环境，激发合作的动机，要教给学生合作的技巧，促进学生之间的集体研究与合作，将个体之间的竞争转化为小组之间的竞争，以保证合作学习的效果。

4.快乐学习的方式

快乐学习是以情感为基础的，是将愉悦的心情与学习融为一体的学习活动。面对新的课程改革要求，减轻学生过重的课业负担，创造快乐的学习氛围，提高课堂教学的效率，是我们每个教育工作者面对的课题。

首先，建立新型的师生关系，让学生"想学"。要建立良好的师生关系，关键在于教师。教师应当以敬业为先，以满腔的热情投入到教学工作中去。正如赞可夫所说："如果教师本身就燃烧着对知识的渴望，学生就会迷恋于知识的获取。"学生只有"亲其师"，才能"信其道"。教师要改变居高临下的习惯姿态，用真心和诚意与学生平等交流，让心灵紧贴心灵，以一颗坦诚的心去感受每一个学生的喜怒哀乐。教师要转换自己的角色，由教育的操纵者、主宰者转变为引导者、激发者和指导者。新型的师生关系能够奠定课堂的民主氛围，激发学生喜爱地理课、想学好地理的愿望。

其次，发掘课程资源，激发学习兴趣，让学生"乐学"。研究表明，学生的地理成绩与兴趣呈高度的正相关。兴趣是学习动机中最为活跃的部分，也是最好的教师，它能使人积极主动、心情愉快、全神贯注地学习。我国古代大教育家孔子所说的"知之者，不如好之者；好之者，不如乐之者"正是这个道理。地理学科与社会实际和学生生活联系密切，教师要把学生引导到一种熟悉而又亲切的教学情境之中，使他们感到身心愉悦。教师要多使用教学媒体，展示地理的演变过程和人们的地理思维过程，使学生感受到获得知识的乐趣。教师要转变教学方式，激发学生的主体性，让学生参与到学习中来，使学生在动中学。

最后，要教给学生正确的学习方法，让学生"会学"。学生只有掌握了正确的学习方法，才能真正体验到学习的快乐。从建构主义的角度看，教学旨在引导学生建构知识，而不是传输知识；教学的目的是使学生从"学会"过渡到"会学"。教师要树立"教"为"学"服务的宗旨，要教会学生分析问题的方法和解决问题的基本思路，切忌包办代替。

此外，教师要强化学生的学习动机，保护他们学习的热情，建立有助于学生自主解决问题的激励机制，让学生主动参与知识的获取过程。

三、促使学生学习行为转变的具体策略

（一）确定学习目标，增强学生自主参与意识

建构主义学习观认为，地理学习是一个以学生已有的知识和经验为基础的主动的建构过程，这种建构不可能由他人代替。因此，在地理教学过程中，教师要把握好师生角色定位，坚持以学生为主体，以学生的发展为本，使学生真正成为课堂的主人。教学应紧紧围绕目标来展开，通过创设一系列活动，激活学生已有的知识和经验，使学生通过自学、思考、讨论、合作等方式，逐步达成目标、实现目标。苏联教育家苏霍姆林斯基说过："在学习中取得成功是学生精神力量的唯一源泉。"[①] 当学生通过自身努力达成目标后，其成功的喜悦会特别强烈，会以更高的热情投入到学习中去。

（二）营造情感氛围，激发学生自主学习动机

良好的教学环境能激发学生积极的情感，并以此为中介，促进学生智力活动的进行和个性的发展。现代心理学研究表明，情感对个体的认知过程具有组织和瓦解作用，它能直接作用于学生的课堂行为，并微妙地影响和改变其学习质量。因此，在教学过程中，教师要努力建立平等、和谐、互相尊重、互

---

① 周瑾. 高中地理教学中质疑能力培养的实践与探索 [J]. 地理教学,2014(21):22-24.

相信任的良好师生关系，增加教学语言、教学行为的趣味性，采用讲故事、创悬念、变换角色、小组竞赛的方法，激发学生学习的动机。教师应该从赏识、激励的角度，宽容、理性地对待学生在课堂教学过程中出现的"偏常"行为。

（三）创设主动探究的空间，促成学生自主学习的氛围

在课堂上，教师要培养学生探究性学习的兴趣，努力为学生创设主动探究的空间，将学生在课堂上的正当权益还给学生，关注学生的兴趣和生活体验，鼓励学生提出问题并解决问题，让学生有时间、有空间动脑思考、动手操作、动笔尝试、动口表达，使学生的学习活动由简单的接受学习逐步转化为内在的智力活动，以更加积极的态度参与到自主学习的过程中来。

（四）侧重学习方法指导，提高学生自主学习的能力

由于知识储量有限，生活阅历较浅，思维发展尚未成熟，学生在自主学习过程中需要教师的学法指导。发挥学生主体作用的关键是教会学生学习的方法，让学生由"想学"过渡到"会学"，使学生真正成为学习的主人。"会学"首先是会提出"问题"，"学启于思，而思源于疑"。因此，教师要教会学生设疑，有了问题，学生在学习中就有了明确的学习目标，思维就会活跃起来。其次，教师要培养学生自我解决问题的能力。解决问题的途径多种多样，可以采取自学的方法，让学生查阅资料，也可以采用讨论法、小组合作法，发挥集体的智慧，还可以在教师的启发下解决问题。在解决问题时，教师不要只给学生答案，而要把解决问题的思路教给学生，要增加答案的开放性，多给学生几个参考答案，少给几个标准答案。

（五）运用评价机制，激励学生自主学习

教师要经常对学生学习目标的达成情况进行评价。这种评价既有激励的功能，又有反馈调控的功能，课堂教学中教师要充分加以利用。评价可以使学生的学习阶段性成果得到沉淀，学习过程中产生的错误得到及时纠正，为下一阶段的学习打下基础。评价的方式多种多样，评价的主体也是多元的，可以是教师，也可以是学生。通过评价，学生能辩证地看待自己、正确地看待他人。

第四节 新课标对教师的专业要求

一、新课标对教师教学技能的要求

教学技能是指教师运用已有的教学理论知识，通过练习而形成的稳固、复杂的教学行为系统。它是教师进行有效教学的基础，也是教师进行高效教学的前提。教师的教学技能包括课前准备技能与课堂教学技能两个方面。这两个方面也体现了新课标对高中地理教师教学技能的要求。

（一）课前准备技能

为了提高课堂教学的效率，课前准备必不可少，而教师课前准备技能掌握的情况决定着教师课前准备的效果。高中地理教师应具备的课前准备技能包括如下几个方面。

1. 制订教学计划

教学计划是课程设置的整体规划，它规定了不同课程类型相互结构的方式，也规定了不同课程管理学习方式的要求及其所占比例。同时，教学对学校的教学、生产劳动、课外活动等做出全面安排，具体规定了学校应设置的学科、课程开设的顺序及课时分配。教学计划包括学年计划、学期计划、单元计划。

2. 了解学生

提高地理课堂效果的前提是了解学生，如了解学生的思想动态、道德品质、年龄特征、个性特征等，掌握学生的心理状况，因材施教。了解学生现有的地理基础知识，以及学生可能熟悉的生活地理环境，制订教学计划，为教学方法的选择和教学实施做好准备。

3. 分析教材

分析教材对于教师而言，包含两层含义：一是弄懂教材的知识内容，从地理科学知识方面去理解教材，教师应把握教材中各种知识的科学体系；二是弄清教材的教育功能，从实现地理教育目的、完成地理教学任务的角度去审视教材和评价教材的教育功能。地理教材分析是根据教材内容选择教学方法和教学手段、组织处理教材、编写教学提纲等地理教学实践中为教学直接服务的、围绕教材而展开的各个环节。

4. 处理教材的技能

地理教材处理是在深刻理解教材的基础上设计教学过程、选择教学方法、充分利用教材资源的过程，是整个教学设计过程中的重要环节。教师在处理教材时，应根据学生情况和教学实际，冲破教材的束缚，灵活运用地理教材，创造性地使用教材，促使课堂教学效率提高。地理教师处理教材时应注重重点的突出、难点的突破和教材的重组。

5. 地理教学过程设计

地理教学过程设计是从整体系统的角度来反映分析和设计阶段的结果，表达教学过程，具体地描述教学过程中教师、学生、学习内容、教学媒体的功能等基本要素之间的关系，给教师提供一个有重要参考价值的教学设计方案。其中，地理教师、学生和地理课程资源是教学过程中的最基本因素，在教学过程中应处理好"教师—学生""教师—教材""学生—教材"的关系。地理教学过程设计时应注意以教学目标为根本宗旨，教学策略和教学评价都要围绕这个主题进行。设计教学过程时，应遵循学生的认知规律和学习心理，发挥教师主导作用，体现以学生为主体和教学策略优化的功能。

6. 设计教学方法和教具

教学方法是教师和学生为了实现共同的教学目标，完成共同的教学任务，在教学过程中运用的方式与手段的总称。教具是教学时用来讲解说明某事物的模型、实物、图表等。要做到科学、合理地选择和有效地运用教学方法和教具，就要求教师能够在现代教学理论的指导下，熟练地把握各类教学方法的特性，熟悉各种教具，能够综合地考虑各种教学方法和教具的特点，并能进行优化组合。

7. 撰写教案

教案是上课的重要依据，通常包括班级、学科、课题、上课时间、课的类型、教学方法、教学目的、教学内容、课的进程和时间分配等。有的教案还列有教具和现代化教学手段（如电影、投影、录像、录音等）的使用、作业题、板书设计和课后自我分析等项目。由于学科和教材的性质、教学目的、课的类型不同，教案不必有固定的形式。

（二）课堂教学技能

课堂教学在高中地理的整个教学过程中占有主导地位，教师课堂教学技能掌握的情况在很大程度上影响着课堂教学的效果。高中地理教师课堂教学技能包括如下几个方面。

1.新课导入技能

新课导入是学生学习新知识的准备，是课堂教学中关键的第一步。教师根据课题的不同性质采用不同的导入方法，如提出问题、列举现象、创设情境、讲述故事、温故知新、运用媒体等。导入的内容应包括：①学生感兴趣的。这能大大激发学生的学习热情，使学生在一种强大的内在动力作用下自觉积极地学习。②学生熟悉的。在课堂导入中引入学生熟悉的乡土地理知识，把身边的地理现象呈现在学生面前，引导学生通过理解、分析这些地理现象，增进地理学习的亲切感。③学生已有的知识。由复习旧课导入新课是最常用的方法，有利于知识的衔接，自然地过渡到新课的学习中。

2.组织教学技能

组织教学技能是在课堂教学过程中，教师不断组织学生注意、管理纪律、引导学习，建立和谐的教学环境，帮助学生达到预定教学目标的行为方式。组织教学技能的实施能使课堂教学得到有效的动态调控，与教学顺利进行和促使学生思想、情感、智力的发展有密切的关系。组织教学技能是课堂活动的"支点"，贯穿于整个教学过程的始终，决定了课堂的方向。组织教学技能要求教师具有纪律管理能力、对个别学生的管理能力以及指导性组织技能。

3.语言表达技能

语言是传授知识、进行教育的主要手段，语言表达能力的高低是能否顺利完成地理教学任务的关键条件之一。教学语言由语音、语调、语速、音量、词汇等要素构成。良好的语言表达能力首先表现在操纵和运用上述要素的协调性、娴熟性和技巧性上。要具备良好的语言表达能力，应在运用上述教学语言要素时符合相应的标准与要求。语音方面，要求教师发音准确、规范，吐字清晰，运用普通话。语调方面，要求抑扬顿挫、不平淡、不低沉，能够根据教学需要合理控制语调高低及语气的变化，具有较强的节奏感与韵律美。语速上，要求快慢适中，能根据教学内容、教学时间及学生的接受能力，合理调控语言快与慢的转化，使学生感到快慢适度，易于接受。音量方面，要求教师能够根据实际教学需要，将音高、音强、音长控制在最合适的程度，使每个学生都能清楚地听到教师所讲的每句话、每个音节，并且耳感舒适。词汇方面的要求包括：①用词准确、科学。此即传授的知识信息正确无误，没有科学性错误，不模棱两可、似是而非。②用词规范，准确使用地理术语。此即用词遵守语法规则，符合逻辑，能够正确运用地理名词术语授课，能够处理好通俗语言与地理专业语言的关系，有较强的地理学科色彩。③用词生动、形象。此即教师在不影响知识科学性的前提下，能运用丰富优美的词汇及各种语言修辞技巧表述教学内容，使学生感到形象贴切，深入浅出，生动易懂。

教学语言有不同的表达方式，如导语、提示语、承转语、分析语等；教学语言还有不同的说明类型，如叙述性说明、描绘性说明、论证性说明、解释性说明等。灵活运用不同的语言表达形式，根据教学需要选用恰当的语言说明类型，是教师语言表达能力的又一重要方面。其总的要求是组织严密、条理清楚、节奏明快、清晰流畅、准确精练、生动形象，富于逻辑性、启发性和艺术性，具有感染力和美感。各种语言表达形式和说明类型还应符合一定的要求。具体在本书第二章第四节已有论述，在此不再赘述。

4. 反馈强化技能

反馈强化技能对于激发学生的学习动机，引起学生的兴趣，调动学生的学习积极性和主动性，增强学生在教学过程中的参与程度都有很重要的意义。反馈强化技能包括语言反馈强化，用积极肯定的语言来表扬和鼓励学生；动作反馈强化，对学生的行为表示赞许和鼓励，以表明教师的态度和情感，强化学生的正确行为；活动反馈强化，教师指导或调控学生用自主行为和自我活动参与教学过程，以强化学习效果；即时反馈强化，对于增强感知、理解和记忆都有很好的效果，能够使学生避免许多易发生的错误；延时反馈强化，如练习册或试卷上的强化标志或书面语言只有在发还学生之后，学生才能看到，才能起到强化作用。

5. 教学结尾技能

结尾技能是指教学将要结束时，教师引导学生对所学知识与技能进行及时的总结、巩固、扩展、延伸与迁移的教学活动方式。良好的课堂结尾是有效课堂的点睛之笔，能够起到深化主旨，更好地达成三维教学目标的作用。它通过归纳总结、领悟主题、实践活动、转化升华和设置悬念及质疑结束法、复述结束法、练习结束法、迁移结束法等方式，使学生保持旺盛的求知欲和浓厚的学习兴趣，及时对所学知识和技能进行系统巩固运用，使新知识有效地纳入学生的认知结构，从而取得"课虽尽而趣无穷"的教学效果。

二、新课标对教师素质的要求

素质的内涵是指人的先天性、遗传性的自然素质，外延则限定于人的个体素质。它是人的身体、智慧、能力、个性，乃至整个心理活动形成和发展的自然前提。教师的素质是教师作为专业人员应该具备的多方面的专业要求，是顺利进行教育活动的前提，也是教师胜任工作的基本条件。现代教师的素质结构由先进科学的教学理念、广博的专业知识、高尚的职业道德、良好的身心素质以及复合型的能力素质构成，这几方面也是新课标对高中地理教师素质的要求。

（一）先进科学的教育理念

教育理念是教师在对教育工作本质理解的基础上形成的关于教育的观念和理性的信念，是在头脑中形成的对教育现象和教育问题的看法。教育理念是教育教学实施的指导方针，只有准确理解教育理念的精髓才能正确地把握教育教学的前进方向。

先进、科学的教育理念体现为教师的所有努力都要有利于学生精神世界的丰富、人格尊严的维护和美好人性的成长。先进、科学的教育理念可概括为图 3-1 所示。

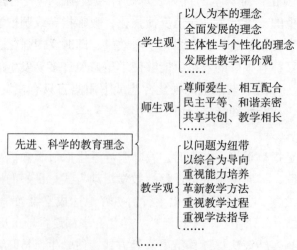

图 3-1　先进、科学的教育理念

（二）广博的专业知识

教师系统化、网络化的知识体系直接影响着教学的质量，是教师进行教育教学的必要前提和保障。地理学具有综合性的特点，兼有自然科学性质与社会科学性质，这就要求地理教师必须掌握除地理学科以外更多的学科知识。

1. 地理本体性知识

地理本体性知识是指地理教师所具有的关于地理科学领域的专业知识，是地理教师完成教学活动的基础。地理教师需要掌握的地理本体性知识如图3-2所示。

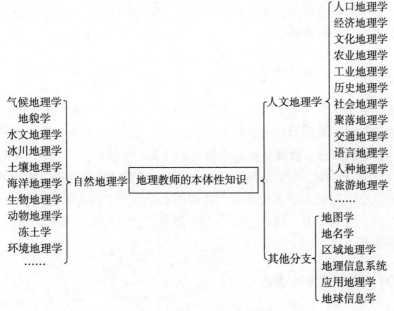

图3-2 地理教师的本体性知识

2. 地理条件性知识

地理条件性知识是指地理教师开展教育活动所需要的教育学科知识和技能，如教育心理学、教育原理、地理教学与课程论、现代教育技术等。地理条件性知识能够对教师的本体性知识起到支撑作用，地理教学过程就是地理教师如何应用条件性知识把本体性知识转化为学生可理解的知识的过程。例如，掌握了教学论的理论知识，我们就可以根据地理教学内容选择不同的教学方法，应用多媒体技术辅助教学，使学生更加乐学、易学。

3. 地理实践性知识

地理实践性知识是指地理教师真正信奉的，并在其教育教学实践中实际应用和表现出来的对教育教学的认识，即在实施有目的的地理教学行为的过程中所具有的教学情景知识和解决问题的知识，包括教育信念、自我知识、人际知识、情景知识、策略知识、批判反思知识等。例如，教师通过教学体现出的教学技巧、教学魅力、教学风格、教育智慧。

4. 地理素养性知识

地理素养性知识是指除地理学科知识之外教师需要了解和掌握的有关自然和人文社会的知识，以及熟练运用工具性学科的知识。地理学科兼文科和理科，其中不少是涉及历史、政治、语文、数学、化学、生物的知识，掌握这些知识有助于地理教学。

（三）高尚的职业道德

教师是人类灵魂的工程师，教师是培养人的人，教师的道德尤为重要。高尚的道德素质是教师素质的灵魂，是教师为人处世的行为规范，是社会对教师的期望和要求。教师要树立正确的教育观、质量观、人才观，增强实施素质教育的自觉性。爱学生是教师各种素质中最为主要的一种，教育的巨大力量和成功的基础在于热爱学生。高尚的职业道德素质主要包括爱岗敬业、以身作则、为人师表、热爱学生、合作创新、教学相长、强烈的责任意识、无私奉献等。

（四）健康的身心素质

身心素质包含两层含义：一是身体素质，二是心理素质。健康的身心素质是进行教育教学的前提条件，它使得教师可以更全身心地投入到工作中。地理学科注重实践与操作，地理教学不仅局限于教室，更注重带领学生广泛地融入自然，进行野外考察，接触社会，这就要求地理教师拥有良好的身体素质，能适应比较艰苦的工作与生活条件。此外，教师职业具有长期性和长效性，且需要应对各种复杂的压力，因此教师要有较强的心理承受能力、较稳定的心理状态和较强的自我调节能力。

（五）复合型的能力素质

高中地理教师复合型的能力素质包括地理教学能力、教学资源整合能力、地理科学研究能力、创新能力以及学习能力。

1. 地理教学能力

（1）教学设计的能力。包括掌握和应用课程标准和教学大纲的能力，分析和处理地理教材的能力，制订教学计划的能力，编写教案的能力，设计和运用教学方法的能力，等等。

（2）教学实施的能力。包括课堂教学组织的能力，应用教学技巧的能力，利用地理教学语言的能力，地理板书及其设计的能力，运用和编绘地理教学地图的能力，运用和设计地理教学板图、板画的能力，等等。除此之外，在教学中，教师应具备指导学生开展观察、实践、探究和研究活动的能力，地理教师要能够引导学生从地理的角度观察现象、提出问题，分析问题产生的环境因素以及可能的地理学原因并获得相关结论。

（3）学业检查评价的能力。包括设定评价目标和标准的能力，掌握评价方法和评价工具的能力，收集、分析、解释评价资料的能力，等等。

（4）教学反思能力。教学反思能力是教师以自己的教育教学活动为思考对象，对自己的决策、行为、方法以及由此产生的结果进行审视、分析、调整的能力。反思能力可以划分为自我反思能力、德育反思能力、教学反思能力、资源开发反思能力和生活反思能力等。

2. 教学资源整合能力

教师想要给学生一杯水，自身必须具备一桶水。21世纪，随着社会的快速发展，知识也更新换代，教师要提高对信息感知的敏感度，通过各种渠道不断地捕捉信息，并加以分析、判断和吸收，以便更新自己的知识库，这就要求教师具备较高的信息整合能力。教师要具备较高的信息整合能力，一是要积极建设学校地理资源库，配置各种挂图、图书资料等，开辟实践教学场所，也可以自己设计制作各种地理教具和教学软件，还可以组织学生制作地理模型等。二是要不断积累和更新地理课程资源，特别是地理信息资源，扩大地理课程资源的容量和质量。三是要合理开发校外课程资源，充分利用报刊、电视广播、科技馆、气象台、天文站、博物馆、人文景观等。

3. 地理科学研究能力

雅斯贝尔斯说："最好的研究者才是最优良的教师，只有这样的研究者才能带领人们接触真正的求知过程，乃至于科学的精神。"[1] 地理教师不但应具备科学文化知识，更应具备一些科学研究的方法与技术，学会创造性的研究。地理科学研究能力包括收集、整理和分析地理资料的能力，撰写地理教学研究论文的能力，编写地理教材的能力，等等。

4.创新能力

创新是一个民族的灵魂，新理念要求培养学生的创新精神和实践能力，因此教师本身应具有创新意识和创新能力。地理教师的创新能力主要包括建立新的教学资源共享，如小组集体备课、共同探讨问题、共享教学成果；创新教学环境、教学方法，提高教学效率；创新地理操作能力，改变一成不变的教学模式；更新专业知识，提升对专业问题与教学问题的探究能力；等等。

5.学习能力

知识具有延展生长特征，知识在应用、交流的过程中被不断丰富和拓展。教师应不断地学习新的知识，不断地补充、提炼、建构新的知识结构。同时，随着社会的发展，许多新的教育理念、教育思想、教学方法、教学媒体等会不断涌现，这些教学知识与能力的获得都要求教师具备较强的学习能力。因此，教师要明确自身专业地位，提升自主发展的内驱力，主动学习相关理论；提升理论素养，主动寻求同伴帮助，在借鉴他人中完善自己。

---

① 王向玲.中学地理教师的能力结构[J].地理教育,2015(S2):118-119.

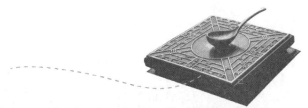

第四章　新课标下的高中地理有效教学途径

提高高中地理教学效率是高中地理课程标准一直以来的普遍要求，新课标在要求的内涵上更为丰富。分析高中地理教材，其内容主要包含自然地理、人文地理和区域地理三个模块，所以本章对高中地理有效教学的探索也从自然地理、人文地理和区域地理三个模块依次展开。

第一节　高中自然地理教学的有效途径

一、自然地理教学的一般策略

（一）探究 – 发现式教学

探究 – 发现式教学借用自然地理研究的一般范式，从现象入手，提出假设、验证假设，最后发现规律和原理。探究 – 发现式教学是利用系统的步骤，指导学生思考、探索和解决问题，以形成启发学生思维、使其掌握科学研究的方法和程序、培养学生科学态度的教学方法。探究 – 发现式教学的一般模式如图 4-1 所示。当然，图 4-1 只是对一般模式中的几个阶段做了划分，有时探究发现过程是一个包含多次假设与验证的不断深入的直至问题解决的过程，某一个或几个阶段会循环往复，直至最终得出结论。

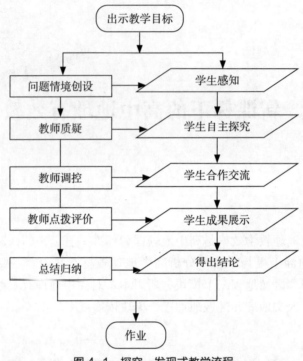

图 4-1 探究—发现式教学流程

（二）实验教学法

地理实验是一种通过对地理事物和现象进行模拟，来验证、巩固地理理论知识和探索发现新知识的教学方法。自然地理教学中有诸多对空间思维能力、演绎推理能力要求高的教学内容，如"正午太阳高度的测算""大气的热力作用""海陆热力性质差异实验""水循环原理""水土流失和植被覆盖率的关系"，恰当的地理实验既可化解地理学习的难度，又可有效培养学生的观察、动手、分析、归纳等地理能力。实验教学的一般模式如图 4-2 所示。实验教学法要注意的问题是，由于课堂实验条件与实际自然环境有差异，实验分析报告中要进行实验条件局限性分析。在开展地理实验的过程中，教师首先要明确实验目的，确定主要变量，控制其他变量对实验结果的影响；然后设计实验流程，尽量模拟自然地理环境；最后做好实验观察记录，并对实验条件与自然环境的差异进行评估。

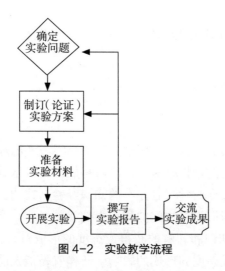

图 4-2　实验教学流程

（三）野外考察法

野外考察是自然地理教学的基本方法之一。地质、地貌、水文、天气、气候、植被分布、矿产分布、土地资源等自然地理内容的教学均适宜采用野外考察法。野外考察活动可以通过最基本的方位确定、地理测量、地理观察等活动，全面发展学生的地理能力。野外考察重在联系地理教学实际、能够利用的实际条件和学生的实践能力等。地理野外考察法的一般模式如图 4-3 所示。

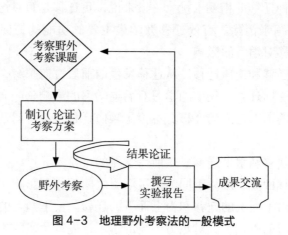

图 4-3　地理野外考察法的一般模式

二、基于学习迁移理论的高中自然地理教学

(一)学习迁移概述

1.学习迁移的定义

学习是一个持续的过程，任何学习都是在学习者已经具有的知识经验和认知结构、已经获得的动作技能、已经习得的态度等基础上进行的。而新的学习过程及其结果又会对学习者原有的知识经验、技能、态度甚或学习策略等产生影响，这种新旧学习之间的相互影响就是迁移。有人认为，迁移是在一种情境中技能、知识和理解的获得或态度的形成对另一种情境中的技能、知识和理解的获得或态度的形成的影响。迁移就是指先前学习对后继学习的影响，但后继学习对先前学习也会起作用。因此，一般也将迁移定义为：迁移就是一种学习对另一种学习的影响。

2.学习迁移的分类

根据学习迁移的性质、方向以及学习材料的特点，可以将学习迁移分为不同的类型。一般可从以下几个方面进行分类。

（1）正迁移和负迁移。从迁移的性质看，可以将迁移分为正迁移和负迁移两种。一种学习对另一种学习产生的积极促进作用叫正迁移，也就是两种学习之间相互促进。反之，一种学习对另一种学习的消极促进作用叫负迁移，也就是两种迁移的相互干扰。一般来说，负迁移是暂时性的，可以通过一段时间的训练来消除。有效迁移教学最主要的功能就是促进正迁移的产生，排除负迁移对学习的影响。

（2）顺向迁移和逆向迁移。从迁移发生的前后方向来看，可以将迁移分为顺向迁移和逆向迁移。先前的学习对后继学习的影响是顺向迁移，后继学习对先前学习的影响是逆向迁移。不论是顺向迁移还是逆向迁移，都具有正负之分。

（3）垂直迁移和水平迁移。从前后学习的难易差异可以把迁移分为垂直迁移和水平迁移两类。难易不同的两种学习之间的相互影响叫垂直迁移。垂直迁移又分为由下而上的迁移和由上而下的迁移。由下而上的迁移即较简单学习对复杂学习的影响，如对热力环流的学习，先展示实际生活中的热力环流现象，让学生根据其现象观察出热力环流运动的步骤，然后由教师引导学

生理解热力环流形成的原理，从而归纳总结出热力环流的概念。

3. 影响高中自然地理学习迁移的因素分析

（1）主体因素。①学习者的心理状态。学习者的心理状态对迁移的影响是双方面的，即学习者的心理状态对迁移的影响可能是积极的也可能是消极的。学习者的心理状态也是复杂的。学习者的心理状态可以归纳为以下几种情况。

第一，学习者的兴趣和迁移动机。在学习过程中，学习者的兴趣对于迁移发生的影响是很重要的，学习者对所学知识兴趣大小直接影响迁移发生的效果。学习者学习兴趣越大，迁移的效果就越好。反之，学习者兴趣越小，迁移的效果就越弱。无论是学生知识的构建还是能力和思维的培养、方法的运用都直接受学习者的兴趣和迁移动机的影响。

第二，学习者在面对学习和考试时的紧张程度。在应对考试和教师提问时，由于个人心理活动的不同，所出现的迁移结果也不尽相同。有的学生心理素质较好，面对压力和考试时能够以平和的心态去应对，可以有效地提高迁移效果。反之，有的学生心理素质相对欠缺，面对压力和考试时，不能以很好的心理状态去应对，迁移效果就会受到影响。

②学习者的认知结构。认知结构也就是学习者头脑中的知识结构，是他们已有的全部观念内容和组织。简单来说就是学生头脑中的知识结构。广义上，认知结构是学习者已有的观念的全部内容及其组织；狭义上，它是学习者在某一学科的特殊知识领域内的观念的全部内容及其组织。奥苏贝尔在他的认知理论中提出，认知结构是影响迁移的重要因素，主要通过三个变量影响迁移的发生。

a. 认知结构的"可利用性"。第一个认知结构变量即认知结构的"可利用性"，就是存在于学习者原有认知结构中对新认知（知识、技能、方法等）起固定和吸收作用的认知。简单地说，就是学习者原认知与新认知之间的关联和原认知概括程度，两种认知之间的关联越紧密，原认知概括程度越高，迁移的效果就会越好，更便于学习者迁移的发生。反之，如果新旧认知之间的关联度不高或者学习者对原认知的概括理解程度不高，是靠死记硬背来完成对旧认知的理解，而没有深入挖掘旧认知的内涵，就很难实现与新认知的有效迁移。例如，"内力作用和外力作用对地表形态的影响"就是后续学习"山地的形成与河流地貌的发育"的前提，只有深刻理解和掌握内力作用和外力作用对地表形态的塑造，才能理解山地形成与河流地貌发育的真正含义以及两者之间的关系。对于这个变量，奥苏贝尔提出了"组织者"概念来强化迁移的效果。所谓"组织者"，即帮助新学习的"辅助引导材料"，从而加强原有认知与新认知之间的迁移效果。

b.认知结构的"可辨别性"。第二个认知变量即认知结构的"可辨别性"，就是起固定、吸收作用的原认知与当前的新认知的异同点是否清晰可辨。新认知与原认知之间的辨识度越高，对于新认知的习得帮助越大。反之，辨识度越低，两者越容易发生混淆，新认知也就越容易被原认知替代。所以，教师在课堂设计时要尽量采用对比等方式来强化知识之间的可辨别性。

c.认知结构的"稳固性"。第三个认知结构的变量即认知结构的"稳固性"，就是起固定、吸收作用的原认知的稳固程度，原认知稳固性越好越利于有意义学习的发生，从而推进迁移的进程。教师为了提高新知识的学习效率，一般会在新学习开始前或者学习中巩固与新知识相关的原有知识，从而更好地促进学习者的学习和迁移。

（2）客观因素。①学习者所处的情境。学习情境包括校外情境和校内情境。早先的迁移理论关注的都是学习材料之间的共同性和相似性以及认知结构与学习迁移发生的关系，对在迁移过程中起重要作用的物理和社会情境因素有所忽视。很多学者认为情境对于迁移的发生并没有实际意义，它只是学习的背景，还不可以直接参与到真正的学习活动中来。但随着对迁移和情境理论的进一步研究，学习理论家们的关注点开始从认知向情境转变，并发现情境与学习迁移的发生有着密不可分的关系。学习情景理论强调实践能力形成的重要性，在这个方面与迁移理论是不谋而合的。因此，从情境的角度来探讨怎么促进有效迁移的发生无疑是有帮助的。有的学者甚至认为学习的根本特征就是情境性的，学习者通过与所处情境的相互作用来达到对新情境的适应。

学习情境对迁移的影响主要体现在其对学习者迁移意识的诱导上，迁移的本质就是利用已有的认知去促进新问题的解决。在此过程中，学习者会在解决新问题时遇到新的特定情境，并对它产生困惑或者不确定。这种对新情境产生的困惑和不确定是学习者发生迁移心向的必备条件之一。因此，学习情境可以帮助学习者形成积极的迁移心向，从而增强学习者的迁移意识。与此同时，在解决新问题的情景中，学习者往往会通过多种学习方式去亲身体验新问题解决的所有过程，从而形成对新问题的全面理解，使迁移更加广泛。

在地理教学中，教师要实现迁移的有效性，就必须为学生提供相应的学习情境，让学生在情境中发现问题的解决方法，自主探究，形成积极的迁移心向，从而促进迁移的有效发生。但需要注意的是地理教师在提供情境时一定要使情境与问题解决紧密联系起来，并要关注情境的呈现方式。

②地理教师是学习者发生迁移的引导者。处于高中阶段的学生还不具有迁移的意识，在知识信息的获取、归纳总结和方法策略的运用上都还不够成熟，所以学生如果想在学习中使迁移有效发生，就离不开教师的指导。

第一，在教学过程中，教师以学习迁移理论作为教学的指导，设计有利于学生迁移产生的教学，采用多种教学方法引导学生自主探究和解决问题。学习迁移不是自发形成的，教师要尝试培养自己的迁移意识，充分发挥自己的能动性，去调试教学过程中可能会促进学生迁移的条件、内容，进而提升学生学习迁移的能力。

第二，在教学过程中，不是仅仅将知识传授给了学生就意味着教师完成了教学任务，要完成教学任务还需要教会学生地理学习的方法和地理技能，指导学生运用正确的地理思维方式去理解地理概念、原理以及规律，使他们能够使用所学到的地理知识、技能、方法、原理、思维等去解决实际生活中的地理问题。

（二）高中自然地理迁移教学的策略

1.强化地理教师的迁移意识

地理教师一定要有意识地培养自己的迁移意识，提高迁移意识的方式主要有以下几种。

（1）强化对迁移理论知识的学习。只有将迁移理论知识理解透彻了，才能真正地指导迁移教学的实践，提高教学效率。

（2）反复训练学生的迁移意识。自然地理需要获取的地理技能较为抽象和复杂，通过一两次的训练很难达到效果，但地理课堂时间有限，训练不能持续性地进行，所以地理教师应该鼓励学生开展地理课外学习小组活动，由此来调动学生地理技能训练的积极性和持久性。当然，在此过程中，教师一定要做好引导工作，利用多种方式激发学生开展地理技能训练活动的兴趣。

（3）课堂多总结、多归纳。迁移意识的培养不是一蹴而就的，地理课堂是地理教师开展迁移教学的重要场所，所以要充分利用起来，每节新内容的学习容量都很大，学生真正能获取的地理信息是很少的，如果教师不重视对重点知识的总结和归纳，学生就很难提取真正有用的地理信息，难以实现知识的迁移。所以在课堂上，教师不仅要做到多总结，还要锻炼学生自己总结的能力，提高教师教学和学生学习的效率，真正做到为迁移而教。

2. 知识类比教学

奥苏贝尔认为学生的认知结构迁移有三个基本特征："可辨性""可利用性""稳固性"。"可辨性"可以理解成为知识之间的差异性，"可利用性"可以理解为知识之间存在的共同要素，"稳固性"可以理解为原有知识的稳固程度。根据奥苏贝尔对认知结构迁移的解释，我们可以总结出这一观点：正确处理知识之间存在的可辨别和可利用的内容以促进正迁移的发生。自然地理基本知识类比教学策略的实施就是为了更好地利用知识之间存在的"可辨性"和"可利用性"，从而促进迁移的发生。自然地理中很多概念和规律性的知识因为可辨性不高，常常容易混淆，如冷锋和暖锋的概念、自然地理环境的纬度地带性差异规律与垂直地带性差异规律。对于这类基本知识，教师在教学中要注意它们之间的差别，使学生弄清其本质。此外，也有很多知识存在着较强的可利用性，如热力环流的原理是学习气压带和风带形成的基础。所以，教师一定要把握好知识之间的联结关系，有效地开展类比教学，促进正迁移的发生。

3. "先行组织者"教学

"先行组织者"是指呈现于新学习材料之前的引导性材料或信息必须以学习者的原有认知结构或知识原型为基础，才能有助于学习者学习新知识，具有比新学习材料更抽象、更概括和更综合的概念。先行组织者主要可以分为两类：说明性组织者与比较性组织者。说明性组织者和新内容是从属关系，如气压带和风带的知识可以帮助学生分析热带雨林气候、地中海气候、热带草原气候等气候类型形成的原因和基础；后者是为新旧知识的联系提供一种学习材料，如内力作用对地表形态的影响的学习思路就可以帮助学生学习外力作用对地表形态的影响。先行组织者是迁移发生的准备，好的先行组织者可以帮助学生更好地进行迁移。在地理迁移教学中，教师可以从以下两种途径来践行组织者的教学策略。

（1）提供与新内容相关的学习资料。这里所说的学习资料是指能够促进地理新内容学习的影像、图片、文字等资料。在地理教学中，影像、图片、文字等学习资料比传统的教科书更能激发学生的学习兴趣，并且能够帮助学生扩充自己的知识开阔自己的视野。这些学习资料的提供必须具有一定的教学目的，可以帮助学生更好地进入学习情境或者帮助学生更好地理解知识。例如，讲到火山的时候，教师在开始上课之前先提供一段有关火山喷发的视频，不仅可以激发学生的兴趣，还可以更好地帮助学生了解火山喷发的相关知识，从而促进学习迁移的发生。

（2）有效利用学生已有的知识经验。新知识的学习要建立在已有知识经验的基础上，进行同化顺应的建构。旧知识可以帮助理解新知识，新知识的学习很多都是建立在旧知识的基础上的。所以在地理教学过程中，地理教师一定要充分挖掘学生已有的知识经验，以更好地帮助学生构建新知识。

4. 案例情境教学

地理案例是地理基本知识的载体和呈现方式，是情境教学的一个重要组成部分，能够形象、直观地完成知识的教学。地理案例教学具有重要的迁移价值，可以使地理基本知识更加具体，以案析理、以理析案都是迁移教学的方式。地理案例教学有以下几种功能。

（1）激发学生的学习兴趣。案例教学的优势在于可以使用大量的案例来呈现知识。自然地理概念和地理规律、原理比较抽象，传统的讲授方式难以激发学生的学习兴趣，更不能帮助学生更好地理解地理基本知识的内涵。在地理教学中采用案例教学，给学生营造生动、活泼的学习气氛，并设置与案例相关的问题探究，不仅能够调动学生思考问题的积极性，还能够将理论联系实际，将知识生活化。例如，热力环流原理的案例教学，这部分知识相对枯燥和抽象，在教学过程中，除列举书本上的山谷风、城市风和海陆风以外，如果教师能够选取几个现实生活中的例子加以解释，就更有助于实现热力环流原理知识的迁移。

（2）加深对地理知识的理解。地理案例教学往往采用对案例的分析来完成以案析理的教学过程，由于自然地理知识与规律的抽象性，教师只进行单纯讲解很难使学生理解基本知识的内涵，若用案例进行说明，不仅形象、直观，且能够帮助学生更好地理解知识的内涵。例如，对昼夜长短的季节变化规律这部分知识的学习需要很强的地理空间想象能力，学生很难理解，只能靠死记硬背来掌握规律，但如果教师善于利用所在地的四季昼夜长短的变化加深学生对该知识的理解，就会事半功倍，促进知识的迁移。

（3）启发学生的地理思维。以案析理和以理析案都是对地理思维能力的培养。以案析理就是根据对个别案例的分析得出地理规律和地理原理，是从个别到一般的思维方式，类似于归纳法。例如，讲到热带雨林气候的气候特征和分布规律时，教师可以给出亚马孙平原、马来西亚等热带雨林气候区的气候特点，让学生观察其分布的纬度，受什么气压带或者风带的控制，学生在分析这些区域的气候特征、分布纬度和形成原因时就会发现它们之间存在的共同规律，从而总结热带雨林气候的气候特征及其分布规律。

以理析案和以案析理的方式刚好相反，它是对自然地理规律和原理进行教学，再举例说明其在现实生活中的运用，类似于演绎法。基于案例情境教学的这三个功能，地理教师可以适时采取案例教学来促进有效正迁移的发生。

第二节　高中人文地理教学的有效途径

一、高中人文地理教学的核心领域

（一）高中人文地理教学需重视的"核心地理能力"

人文地理侧重于研究人对地、人与人的关系，以揭示人类活动的空间结构及其地域分布的规律性，树立正确的人口观、人地观、资源观和环境观。由于当前人类所面临的人口、资源、环境与发展问题，现代公民尤其需要通过接受人文地理教育，以更深入地研究国家建设问题和解决诸多重大社会问题。要有效解决地理问题，需要人们在面对某一地理事象时，能够有效地获取、解读、分析地理信息中的有效内容和价值，运用地理基本观点与方法，从"空间、相互作用、时间动态"三个独特的视角出发，发现与提出地理问题，并将中心问题分解成具有逻辑关系的各个层次的子问题，使其易于理解分析。同时调动和运用地理基本概念、原理、规律等分析问题，运用文字、图表等描述和阐释地理事物的特征、分布和发展变化，深入探讨地理问题，从而最终解决地理问题。

在人文地理教学过程中，教师应让学生尝试运用所学的地理理论和地理研究方法对地理信息进行分析、综合。学生应尝试从学习和生活中获取地理信息，发现地理问题，提出探究方案，与教师或同学合作，开展调查和研究，做出评价，提出解决问题的相应对策；关注有关地理的重大问题的讨论，了解社会有关部门对地理问题的见解，积极参与问题研究，提出自己的见解和建议，并与他人交流。这样，地理问题解决能力又可分解为地理信息加工能力，地理空间格局的觉察能力，地理特征的比较与概括能力，地理过程的分析、想象与简单预测能力，等等。

1. 地理信息加工能力

信息技术的发展和新课程改革使中学地理教育出现智慧化趋势。[①] 地理教育的重要功能是使每个学生都能成为地理信息的主人，都能收集、选择、整理、加工和使用地理信息。人文地理研究的对象是人类活动和社会现象，内容与学生生活实际有直接的关系，从而便于学生通过结合相关课题进行实地考察、访问等生动活泼的方式获得资料，培养和发展地理信息加工能力。新课标在人教版高中《地理·必修 2》的"活动建议"中所提出的"运用本地人口资料，绘制图表，探究本地人口的发展模式和人口迁移的特点""收集所在城市不同时期的地图、照片，或进行走访，讨论城市的变化，交流感想""收集资料，对比不同地区人口或城市的文化差异"等均体现了对学生地理信息加工能力培养的重视。

在教学过程中，地理教师要创造机会和条件让学生以实地观察、观测、调查访问等方式获得资料，引导学生运用区域的数据、资料及图表来分析、论证、验证人文地理原理或总结人文地理特征，培养和发展学生的地理信息加工能力。

2. 地理空间格局的觉察能力

地理空间格局的觉察能力是对地球表层各种事物的空间位置关系、空间展开范围和空间排列状态的敏锐觉察力，这是一种具有前瞻性的观察能力，体现了地理学的科学思维。例如，法国地理学家利恩·戈特曼在 20 世纪 60 年代就提出了城市群的诊断、理论与模型，阐述了美国东北部地区作为世界级城市群出现的重大意义。他从相互联系的理念和全球的视野揭示了城市群功能和内部结构的变化。人教版高中《地理·必修 2》侧重于人文地理学习，三大学习主题均蕴含着对地理空间格局的敏锐觉察能力的培养。

培养地理空间格局的觉察能力，应当把学生能够顺利地观察、想象、概括地理事物在地球表层的空间位置关系、空间展开范围和空间排列状态作

---

① 张士龙. 我国中学地理教育发展方向分析 [J]. 教育科学研究, 2008(4):36-38.

为基本要求，通过"情境创设"教学活动，让学生在观察、想象、概括、描绘、表达的过程中发展对地理空间格局的觉察能力。

3.地理特征的比较与概括能力

地理特征的比较与概括能力是指地理学习过程中所表现出来的对地理事象的显著特征进行分析比较、抽象概括的能力。中图版高中《地理·必修2》"人口增长的模式及与地区分布""城市的空间结构"等均涉及地理特征的比较与概括能力。此项能力的培养要求达到：能够较熟练地用观察与分析的方法识别地理事象的显著特征与标志；能够较熟练地用比较法认识地理事象的差异；能够在识别地理事象特征与标志的基础上，用简练的语言概括地理特征。

地理特征的比较与概括能力的培养要求教师能够指导学生在研究生产、生活中的实际问题和社会热点、焦点问题时，有意识地从地理视角去观察问题、发现问题中蕴含的地理特征，并能够对这特征进行系统工程分析、描述与概括。

4.地理过程的分析、想象与简单预测能力

地理过程的分析、想象与简单预测能力是指能够对某个地理事件的空间动态过程进行分析、想象，并预测其未来发展变化趋势的一种地理学习能力。地理学习对象经常要涉及"地理过程"，人文地理亦如此。人口的变化、城市化过程、农业地域的形成与发展、工业地域的形成与发展、交通运输方式的变化、人地关系思想的演变等均是地理事象在空间与时间上的发展演变过程。对该类教学内容的学习需要想象、猜测与类比，因此可以用来作为培养学生分析、想象与简单预测能力的载体。例如，关于人类生产活动的基本形式，新课标在"活动建议"中提出"结合所学知识，判断本地农业地域类型，并分析其形成条件""模拟设计某地区交通运输线路和站点的布局方案，简述设计理由"等，这些地理学习活动就是一个对地理过程的分析、想象与简单预测的过程。

地理过程的分析、想象与简单预测能力的培养要求教师能够在有关"地理过程"的教学中，鼓励学生结合所学知识，大胆地猜测和想象，提出与众不同的见解，通过直觉领悟与逻辑方法并用，使学生养成逻辑思维与非逻辑思维相结合的思维习惯。

（二）人文地理教学需重视的"核心地理观点"

地理观点是地理科学素养的重要组成部分。地理观点为人们提出、回答、识别和解决地理问题，以及评价可能产生的后果，提供了一个参考框架。人文地理的核心思想包括区位论和人地关系论。① 区位论包括人口区位、聚落区位、产业活动区位等，人地关系论包括资源问题、灾害问题、环境问题和环境保护问题等。从地理课程标准的要求、地理学家的倡导以及基础地理教育的实际来看，这些学习主题贯穿与渗透了人地协调观、可持续发展观、空间观、因地制宜观等核心地理观点。人文地理教学需重视这些地理观点的教育，使学生在学习地理知识的过程中追踪地理思维的轨迹，形成正确的人地思想观念，促进人文精神的发展。

1.人地协调观

人地关系是地理学研究的永恒主题。人文地理学的目的在于消除人类同其生存的地理环境间的一切不协调矛盾，创造出一个非常适宜人类生存的生态环境。我国当前的发展问题，如资源开发、城市建设、土地利用、环境保护和国土整治均离不开正确的人地关系思想的指导，环境污染问题、战争冲突、全球变暖问题、人口问题、资源问题以及发展问题更与人地关系密切相关。高中人文地理以人地关系为研究对象，包括人口、城市、农业、工业、交通等内容，这些人类活动都会给地理环境带来影响。协调人类活动与地理环境的关系，促进人地协调是人文地理研究的重点内容。

人地协调观强调人类活动对于地理环境的主观能动性，同时强调环境对于人类活动的反馈作用。人文地理教学要注意培养学生针对现实生活中的地理问题，获得有关人地关系方面的知识和技能，使学生体会地理学与现实生活的密切联系和地理学的应用价值，树立人地和谐相处的价值观。

2.可持续发展观

可持续发展观的核心就是协调人口、资源、环境与社会发展之间的关系，建立一种全新的社会发展理念，如"只有一个地球""尊重自然、人要与自然和谐共处""人口道德""环境道德""资源道德""代际公平"和"代内公平"意识。可持续发展是人类对以经济增长为核心的传统发展观反思的结果，是谋求环境问题解决的一种策略，代表着人类社会发展的未来走向，因此可持续发展不仅是人文地理教学的重要内容，也是人文地理教学的重要

---

① 周日志.浅谈基于学科基本观念的地理思维建模[J].中学地理教学参考,2011(11):20-22.

目的。高中人文地理选择了 4 个主题：人口、聚落中的城市、生产活动以及人文地理的基础理论——人地关系和可持续发展理论，这 4 个主题正是围绕人地关系这个永恒的主题，以实现可持续发展思想为归宿，让学生在可持续发展的原则下，站在协调人地关系的高度，系统学习人类应该怎样行动，领悟走可持续发展之路是人类的必然选择，认识在可持续发展过程中个人应具备的态度和责任。

3. 空间观点

地理是关于人类的生存空间的一门学问，空间观点是地理学观察世界的方法。空间观点主要是对地理现象的分布格局及其空间关系的基本认识，涉及"它在哪里""它是什么样子的""它是什么时候发生的""它为什么在那里"等问题。人文地理是从区域的角度研究社会现象的，"区位"是人文地理的核心，区位分析是高中地理的重要内容。人们越来越意识到，从人口再生产和移民的决定，从休闲娱乐到就业投资，我们都必须着眼于特定时刻的区位问题，认识到个人行为与宽尺度社会结构的关系，用空间的观点思考个人的决定是如何受到社会结构和制度的影响的，又是怎样影响着社会结构与制度的。人教版教材重点介绍了农业、工业的区位选择，交通运输线路的布局问题，这些主题以研究人类活动的空间结构及其空间关系为核心，旨在帮助学生建立空间观点，包括区位与空间分布的观点、地理环境的整体性与差异性观点。

二、高中人文地理教学的一般策略

（一）开展体验教学

自然地理的学习可以充分体现理性主义的自然科学方法，需要科学的客观立场。人文地理的学习则更需要触及人的心灵深处，更加需要"人文与社会"方法去体验研究充满活力的生命和社会现象。基础教育课程改革非常强调学生的体验，这不但要求教师转换教学思维方式，更要求教师不再"物化"教学，而要"人化"教学，关注学生的情感世界和个体体验。体验是一种产生情感且生成意义的活动，体验的结果是产生情感且生成意义，两者缺一不可。

首先，人文地理蕴含丰富的人文精神即情意目标，需要通过体验来达成。

体验是一种综合性心理活动，包括"以身体之、以心验之、以脑思之"，体验教学既重视知识技能的传授，也强调情境创设与亲历过程，还"照料人的心魄"，有利于地理三维目标的整体达成。其次，人文地理的生活性为体验教学的开展提供了前提条件。体验与生活的意义密切相关，指向价值世界。人文地理中包含着许多与生产、生活密切相关的知识点，有利于结合生活实际开展体验教学，让地理知识与学生的生活世界产生际遇，相通相融，并内化为学生的素质，使学生的生命得到拓展与提升。总之，人文地理与体验教学可谓是高度契合，人文地理中有很多内容都适合学生去亲身体验。体验的方式是多样的，包括动手画、动手算、社会调查、社会决策等。例如，人文地理教学中常用的教学策略——决策教学与图层教学是一种决策式的体验，而社会调查也是一种调查式的体验，乡土地理教学是生活体验式教学，色彩鲜明。

感知、活动、生活是形成体验的三种直接途径。当以人文地理原理为核心目标时，可采取决策教学与图层教学，通过让学生经历与反思来促进体验的生成；当以人文地理技能为核心目标时，可采取乡土地理调查、资料分析等策略促使体验的生成；当以地理情感目标为核心目标时，可结合案例和设置"情境"，通过"触景生情"的体验培养学生情感目标。

（二）结合乡土地理

乡土地理即本土本乡的地理，实质是身边的地理。地理是从教室、从学校的庭院、从乡村的街区开始的，乡土地理是地理的基础。所以地理课程应该从乡土开始，这是现在普遍承认的一个基本原则。应该引导学生"通过研究乡土进入地理观念和理解基本概念"。我国非常重视乡土地理教学。竺可桢先生曾在《地理教学法》一文中论到："凡教学地理，必须自己知至未知，自儿童日常所惯于见闻之物，而推至未睹未闻，自个人所受环境之影响，而推广及于社会全体，是故教学地理。开始必自本土地理着手。"① 当今我国高中人文地理中的四大主题——人口问题、城市问题、生产活动与地域联系、人地关系与可持续发展都具有浓厚的乡土情结，为乡土化人文地理教学提供了广阔的平台，因此有学者明确提出"乡土化高中人文地理课程"的建议。

乡土地理不仅能够体现地理学科的特色，也蕴含着多重教育意义。第一，乡土地理教学具有很强的实践性，有利于培养学生的地理实践能力。第

---

① 周炎新. 乡土地理在初中地理教学中的应用 [J]. 名师在线,2018(2):18-19.

二，乡土地理有利于提高学生的地理学习兴趣。乡土对学生而言，是某种意义上的"家"的概念，会使学生莫名产生一种亲近感，提供一种情感上的安慰（家是最能令人感到安慰的词语）。第三，乡土地理的研究活动可以使概念、原理、规律具体化、形象化，使地理教学的空间延伸到课堂之外，教学内容也从枯燥的科学世界激活为生动的生活世界，既能体现了地理的学科价值，增强地理课程的吸引力，又能培养学生学习地理的兴趣。第四，乡土地理有利于增强学生热爱家乡、热爱祖国的情感。乡土是学生观察、了解祖国的"窗口"。可以通过乡土地理的教学让学生对祖国有更深切的感受，从而有助于学生萌发热爱家乡、热爱祖国的情感。第五，乡土化人文地理教学有助于培养学生的可持续发展观，这本身就是人文地理的核心教学目标之一。

（三）融入讨论环节

人文地理知识具有明显的盖然性与开放性，对于某一问题的答案往往是多元的，因此极具讨论的价值与意义。在人文地理教学实践的过程中，讨论活动较为常见。首先，讨论活动有利于提高学生的参与性，有利于学生主体性的发挥，让学生真正地参与地理教学。其次，集思广益的讨论有利于培养学生的思维能力和表达能力。讨论始于问题，学生只有深入地思考，保持探索的态度，才能展开讨论。在讨论的过程中，学生需要倾听、理解和评价别人的意见，这需要进行辨别、判断、分析、推理等思维活动，同时还需要表达自己的观点，用论据支撑自己的观点。最后，讨论有利于培养学生合作交流的技巧与精神。学生在讨论的过程中既要学会倾听别人的意见，又要学会正确地表达自己的观点，理性地对待不同的观点，学会批判地看待自己和他人的观点以及如何在小组内进行分工合作。总之，讨论的目的往往不在于知识本身，而在于启发思维，发展交流合作的能力，升华情感体验。人文地理讨论的形式多样，如辩论、座谈、研讨、小组讨论、专题讨论、头脑风暴等。

三、高中人文地理翻转课堂教学模式

翻转课堂也称颠倒课堂，是网络课堂与现实课堂的结合，教师在课前把将要学习的课题的教学录像放到网络上，供学生课前自学与练习；在现实课堂里，教师根据学生的课前学习情况进行有针对性的问题解决式教学。翻转教学的实质是通过合理运用现代信息技术来革新教与学的关系，实现"先学后教、以学定教、以学论教"的新课程理念。

（一）翻转课堂对于高中人文地理教学的适切性

翻转课堂是一种混合式学习教学模式，其教学环节可具体描述为课前与课中两个环节。课前环节强调学生的自主学习和问题发现，学生结合视频进行自主学习与交流讨论，通过多种互动方式将不懂的知识或需要进一步深入理解的问题反馈给教师；课中环节强调师生学习共同体的合作探究和问题解决，教师因材施教，或通过开展活动帮助学生掌握和运用在课前学到的新知识与技能。与传统教学模式相比，翻转课堂在教学理念、教学模式、教学流程、师生角色、教学目标、教学评价诸方面都发生了实质性变革。

每一种教学模式都各有利弊，翻转课堂的适用范围也有一定的限制，并不是所有年级的学生都适用。相对而言，翻转课堂更适用于高中生，这是因为高中生的自主学习能力以及应用信息技术的水平相对较高，技能比较熟练。并且很多高中的知识都是初中知识的升华或深入。高中人文地理以初中区域地理知识和高中自然地理知识为基础来研究人类活动和社会现象，这些对象和内容与学生生活实际都有直接的关系。因此，在高中人文地理教学中实施翻转课堂是适宜的。

1.符合人文地理知识内容的特点

人文地理的人地关系主要是"人对地"的影响占绝对主导地位，在人教版高中《地理·必修2》人文地理的编排中，人口问题、聚落中的城市、生产活动与地域联系、人地关系和可持续发展这四个主题知识都是以较完善的人文地理理论为基础的，如环境承载力与人口合理容量理论、人口迁移动因理论、城市空间结构理论、中心地理论、农业区位论、工业区位论、可持续发展理论等，人类活动在地理环境上产生的人文事项都隐喻在这些理论和原理之中。人教版高中《地理·必修2》的编排特别注重与重大的社会现实或学生的生活实际紧密结合，选取和利用典型活动、鲜活生动的案例来揭示人文地理的基本原理和观点，并以相关理论为指导，客观分析、评价某一区域环境中人类活动的合理性或对人类的不合理性活动进行反思，这样就使得人文地理基础知识的内容具有生活性、近域性、可控性和可参与性。

根据新课程观，学生的知识来源既包括地理教材上的知识素材，也包括教师的个人知识以及师生互动中产生的知识。人文地理传统的"课堂讲解＋课后作业"教学模式脱离学生的生活实际，忽视学生的体验生成，从而使人文地理教学成为课堂上教师八股讲道、课后学生死记硬背的"鸡肋"课，人文地理所蕴含的丰厚的人文思想与科学精神无法为学生所体验、感悟和内化，也难以发展为学生处理人与人、人与环境、人与自身关系的人文精神与情怀。翻转课堂"课前学习＋课堂探究"的教学模式使学生课前能够结合自己的生活经验与学习能力观看教学视频，展开自主学习，发现问题，课中又能够带着问题与老师、同伴一起进行合作探究、交流互动，这种学习过程能够从心理上、情感上降低学生对抽象的人文地理原理认识的难度，激发学生对地理学习过程的主体参与意识。

2. 更有利于达成人文地理的培养目标

人文地理课程以人地关系为基础，探讨各种人文现象的地理分布、扩散与变化，以及人类社会活动地域结构的形成和发展规律，其培养目标在于提供现代公民必备的人文地理知识，增强学生的地理学习能力和生存能力，使学生关注人口、资源、环境、区域发展等基本问题，以利于正确认识人地关系，形成可持续发展观念等。这个培养目标又可具体分解为知识与技能、过程与方法、情感态度与价值观三个维度。

从教学流程上看，传统课堂教学多是在教师讲解完知识后，以布置作业和课后拓展练习来结束教学。这种强化训练不仅会使学生由于教师的共性讲授而致学生产生知识负迁移的现象，更严重的是，课后练习所获得的学习收益是单向的，仅限于知识与技能的巩固与迁移，而情感、态度与价值观的生成是不能通过强化训练获得的；即使获得了知识与技能，由于缺乏集体智慧与思维碰撞，这种对知识的理解与能力的发展也是局部的片面的，学生难以形成地理科学精神与人文素养。翻转课堂的课前学习是一种学生的体验性学习和反思性学习，课堂探究活动是一种探究学习和协作学习，有利于学生体验地理过程与方法、感悟地理情感态度与价值观目标。这些学习结果又可以帮助学生驾驭较为复杂而又系统的地理科学知识，并使地理基础知识与技能的获得成为一种"做中学"的实践应用过程，而不是单纯的记忆和积累的过程。在反思、交流、讨论、表达、评价的过程中，学生能够逐渐形成从情感、精神、文化的层面理解和处理事物的人文精神，从而实现三维目标的整体达成。

（二）翻转课堂在高中人文地理教学中的实施

根据高中人文地理教学内容的特点与培养目标的要求，翻转课堂在人文地理教学中的实施过程分为课前学生自主学习与课中合作探究学习两大环节。课前学生自主学习由观看教学视频、课堂练习和在线交流三个相互衔接的活动构成；课中合作探究学习由提出问题、协作学习、成果展示和反馈评价四个活动构成。

1. 课前自主学习

结合视频中设计的问题开展有针对性的课堂练习，完成本节课的教学要求；最后通过"课程在线"等网上交流平台交流观看教学视频时的心得体会，提出自己的学习困惑，并通过"同伴互助"解决部分疑难问题。教师则通过"交流平台"把握学情，明确教学问题，为课中的探究学习确定好教学起点。

（1）观看教学视频。课前自主学习是学生掌握教材的基础知识、发现学习疑难与困惑、完成教学基本要求的阶段，而观看教学视频是学习的第一步。学生要结合教材和学案观看教学视频，了解教材的基础知识，提出观看视频时产生的疑难与困惑。

（2）进行课前练习。在每段视频后，教师需布置有针对性的课前练习，让学生对学习内容加以巩固并发现学习疑难与困惑。教师要运用最近发展区理论，充分考虑问题的难易程度与练习数量进行教学问题的设计。通过一个个源于课本、又高于课本的问题引导学生深入地学习思考，帮助学生进行知识的掌握与巩固，促进旧知结构向新知结构的扩充与完善。针对学生的测试情况，教师还要通过 Moodle 平台测验模块的"结果分析"，统计出每个学生的完成情况，并详细分析学生的出错信息，以做到先学后教、以学定教。

（3）进行在线交流。学生在观看完教学视频后，进入网络课堂，通过讨论板、聊天室等网络交流工具，将自己的见解和疑难上传至论坛，并将各自的学习结果进行交流。通过二次学习，学生可以分享彼此的学习成果，并解答同学们的疑难困惑。为了确保学生讨论交流的参与度与时效性，教师要规定好在线交流的起止时间。

2. 课中探究学习

（1）提出问题。教师根据学生课前练习与在线交流情况，总结出一些具有探究价值的问题，并根据学生的学习现状，设计课中探究问题，如果问题头绪较多或涉及面较广，教师要将问题进行分解。学生根据自己的理解和兴趣选择相应的探究题目，选择同一问题的学生组成一个小组，小组规模控制在4～6人；选择同一问题的小组成员要根据能力与需要进行组内协作分工，以便进行探究学习。

（2）协作学习。协作学习的过程是学生探索问题解决思路与方法的过程，学生结合自身生活经验与知识基础，对问题展开充分的分析探讨。这样的知识学习不再是单纯的"记条条、背框框"的识记之学，而是能够灵活地将所学地理知识与原理迁移到问题解决的思路与方法中，做到理论与实践相结合，知识与能力相转化，理性与感性相融通。协作学习过程中，教师要对整个探究活动进行监控、调整与引导，适时做出决策，引导探究活动深入开展与顺利进行。

（3）成果展示。经过协作学习后，各小组组长把本组的探究问题迅速列在黑板上，然后进入课堂的高潮——成果展示环节。学生可运用多种形式，如问题解决方案、短时演讲、作品展览、辩论会来汇报展示本组的学习成果。一般由一人主讲，其他组员可随机发表不同见解或修正补充。事实证明，这种方式能极大地调动学生的学习热情，激励学生爆发创造性思维的火花，让学生享受成功的快感，满足学生张扬个性和自我表现的欲望。

（4）反馈评价。等学生的"头脑风暴"渐趋尾声之际，教师上台做关键的点拨评价。首先对学生进行激励鼓舞性的评价，肯定他们大胆新颖的见解，让学生享受成功的体验；然后对疑难问题做关键性的点拨，达到"不愤不启，不悱不发"的效果；最后以举手表决的方式评选出本次探究活动的优胜小组，并将该组的汇报过程视频上传至网络平台，作为优秀教学资源，供师生后续观摩学习。

第三节　高中区域地理教学的有效途径

一、高中区域地理教学的区域综合分析法

人教版高中区域地理教学的基础目标是通过对《地理·必修3》的学习以及对初中区域地理的复习，让学生掌握一定的区域地理基础知识，即区域的地理特征。区域特征是指某特定区域内各种自然地理要素（位置、地形、

气候、水文、土壤、植被及自然资源等）和人文地理要素（人口、工业、农业、城市、交通等）相互联系、相互制约、相互作用形成的综合地理特征。在一定空间范围内，由于所处的位置、所具备的条件、影响的因素有别于其他地区，所以形成该地区所独有的特征。区域综合分析法是区域地理教学中的一种重要方法，它是通过全面、系统的分析，从整体上来认识某区域的特征。

（一）区域综合分析法的教学思路

对某一区域地理环境特征的综合分析主要从区域地理位置、区域自然地理环境和区域人文地理环境三大方面考虑。

1. 区域地理位置的分析思路

（1）绝对位置。主要是对某地区经纬度位置的分析判断，也就是根据一个地理事物的经纬度来确定该地理事物的区域位置和区域范围，如某地位于 $10°S \sim 40°S$，$120°E \sim 150°E$，即可判断该地是澳大利亚。

（2）相对位置。①海陆位置：主要包括大陆内部、大陆西岸、大陆东岸和被海洋包围的岛屿四种情况。要从所在或相邻的岛屿、半岛、大陆东西岸、大陆内部、大洋东西岸等进行分析和判断区域的位置，如某大陆的西面为太平洋，东面为大西洋，且位于南半球，则可确定该大陆为南美大陆。②山河位置：从山脉分布、走向，河流水系形状、流向等方面进行分析和判断区域的位置，如某地位于太行山的西侧，某河流的凸岸。③政治地理位置：根据国家或区域轮廓，或者邻国、邻省轮廓等分析和判断区域的位置。④交通地理位置：从交通运输的主要方式及交通网中线、点的分布等方面分析和判断区域的位置。

2. 区域自然地理环境的分析思路

一个地区特定的地理位置使之形成特定的水热组合，即气候特征。气候影响所在地区的水文、生物、土壤等，这些要素构成了区域自然环境特征。常见的自然地理要素分析可从以下几方面进行。

（1）地形特征。地形特征主要从地形类型、海拔、地表起伏状况、地形分布、地势高低等方面来描述。地势特征主要从地表起伏变化的趋势来描述，常用的描述语言有两种：一是某方向高，相反方向低；二是从一个方向向另一个方向倾斜。

（2）气候特征。主要从气候类型、气候要素的分布、影响气候的因素、气候对动植物资源和河流的影响、气候与农业生产的关系等方面分析（这里主要介绍两个方面）。①气候类型：主要从经纬度位置和海陆位置等方面进行分析。②气候要素的分布：主要是气温和降水的分布。一般包括两种情况，一是大区域气候要素的分布，即气候特征；二是局部地区气候要素的分布，要根据其自然地理环境特征来分析，如迎风坡降水多，背风坡降水少；阳坡气温高，阴坡气温低。

（3）河流特征。主要从河流的水系特征、水文特征及水资源的开发利用等方面进行分析。①水系特征：主要是指河流的流程、流向、水系归属、河道特征（河谷宽窄、河床深浅、河流弯曲状况）、河网密度（支流多少、河湖关系）、流域面积（面积大小、水系排列形式）等。②水文特征：主要是指河流的流量、水位（汛期、枯水期、断流、干涸）、含沙量、结冰情况（有无结冰期、结冰期长短、有无凌汛）等。③水资源的开发利用：在河流中上游地势起伏大、河流流量大、落差大、水流急的地区，主要开发水能资源；在河流中下游地势平坦、水流平缓、河道宽阔、流量稳定的地区，主要开发内河航运。

3. 区域人文地理环境的分析思路

人类从自然环境中开发和利用资源与能源，发展农业生产、工业生产、城市建设、交通运输、商业贸易等活动，从而构成区域人文地理环境特征。常见的人文地理要素分析可从以下几个方面进行。

（1）农业。主要从区位条件、耕作制度或熟制（热量影响）、作物种类（热量和水分影响）、耕地类型（水分影响）、地域结构类型等方面分析。

（2）工业。主要从工业部门、工业分布、区位条件（如原料产地、工厂和市场三者之间的关系，技术和交通条件及布局要求）等方面分析。

（3）城市。主要从城市化水平、城市布局、城市区位因素、城市环境问题等方面分析。

（4）交通。主要从交通运输线和交通枢纽、交通运输网的密度、影响交通运输布局的主要区位因素等方面分析。

（5）环境问题。主要从环境污染和生态破坏两方面进行综合分析。①环境污染主要包括大气污染、水污染、土壤污染、固体废弃物污染、噪声污染、放射性污染和海洋污染等。②生态破坏主要包括资源（土地、生物、水、矿产）破坏与浪费和环境恶化（沙漠化、水土流失、生态平衡破坏）两大方面。目前，主要的环境问题应从其现状、成因、危害及解决办法等方面进行分析。

值得注意的是，上述内容只是区域特征分析的一般思路，并不是每个区域特征的分析都要考虑上述所有因素，而是要根据区域的具体情况具体分析。

概而言之，综合方法的实质是从矛盾的相互联结上把握事物的总体。综合不是将分析的各个抽象规定简单地、任意地凑在一起，而是从事物的主要矛盾出发，逐步综合由主要矛盾所规定的其他矛盾，从而进一步达到对复杂矛盾的总体认识，达到对事物即对具体多样性及其统一性的认识。综合的过程是和具体事物内部主要矛盾的发展与展开的客观过程相一致的。

分析方法与综合方法是相互联系、相互渗透的。当分析某一地理事物或现象时，必然要揭示构成这一事物或现象各要素之间的联系，这正是进行综合的过程，这种分析叫作综合分析，而综合方法必须在对各要素进行分析的基础上运用。

（二）区域综合分析法的教学策略

1.进行有效整合，发挥"载体"作用

区域地理是认识区域自然环境、人文环境及人地关系的学科，既与自然地理、人文地理和地理技术的前提知识紧密相关，也是将自然地理、人文地理和地理技术联合并用，进行地理综合研究的阵地。

许多自然地理和人文地理的案例都离不开区域地理的具体地理事物或地理现象，这些地理事象的分布、特征、成因、变化等都是自然地理或人文地理的最好"注解"或"说明"；而系统地理的原理、规律、结构、联系等又需要到区域地理中去落实、验证。因此，区域地理的内容是复习地理知识的基础，图像判读技能的训练、基本概念的理解、地理要素间的联系、地理事物的分布、空间概念的建立、地理基本观点的建立等都应在区域地理学习中完成。

2.抓住主导因素，突出区域特征

按照矛盾的观点，任何事物的诸矛盾中都有起决定因素的主要矛盾，抓住了这个主要矛盾，其他矛盾也就迎刃而解了。地理学主张综合分析问题，将地理环境看成是一个相互联系、相互作用的整体。任何一个地理事物都是在其他因素的作用下形成的，一个因素的变化必然会引起其他因素的变化。在运用这一原理进行区域分析时，首先要注意从众多的因素中找出主要因素，并逐项分析其影响与作用程度，揭示其因果关系。一般情况下要按照各地理要素间的逻辑关系，在区域的各个特征中，找出最具本质（其他特征是由此而引发）的和最具特色（区别于其他地区）的主要区域特征，并以此找出主导因素。

3. 构建知识联系，形成知识体系

明确了区域的主导因素和区域特征后，就要利用发散思维导图按照区域地理的综合性，找出自然地理环境各要素间、经济地理各生产部门间，以及自然条件和人类活动之间的内在联系，形成一个个相关的知识系列。

（三）区域综合分析法（青藏高原）课例

1. 课前知识准备

课前让学生自行复习本课可能用到的人教版高中《地理·必修3》的第一章知识，完成教学案上会做的基础题。

2. 导入新课

播放李娜的《青藏高原》，营造上课的氛围，铃响后点鼠标引入课题，再点鼠标呈现本课的三个复习目标，继续点鼠标呈现"复习目标1"。

3. 学习新课

（1）位置和范围。（屏幕显示）中国第一级阶梯图（标明青藏地区面积）、青藏地区周边省区图、主要山脉图。

要求：学生看图，识别区域，讨论并回答以下问题。

①青藏地区在哪一阶梯，面积有多大？

②周边有哪些省份？

③青藏地区的范围是什么？

学生讨论回答。

然后让学生自画草图，标明青藏高原、柴达木盆地、昆仑山、祁连山、阿尔金山、喜马拉雅山、横断山脉、雅鲁藏布江等地理事物，进行巩固。

承转：不同区域都有各自的区域特征，那么青藏地区的区域特征是什么呢？

（2）区域地理特征。点鼠标呈现包含青藏地区的三级阶梯图、青藏地区与长江中下游地区气温差异图、青藏地区降水图并提问。

①青藏地区地形的最大特点是什么？学生回答：海拔高。

②青藏地区气温与降水的最大特点是什么？学生回答：气温低（寒），降水少。

承转：高与寒是青藏地区明显的区域特征，这一特征会产生怎样的影响呢？

（3）区域地理特征的影响。播放韩红的《天路》视频，学生观看，教师以该视频为主线，不断点停画面，进而引出目标讲解。呈现本目标的知识结构图并板书，然后依据此结构展开讲解。

点鼠标呈现青藏地区地形图、冰川景观图，学生看图回答。

①地势的高低与河流水文、水系特征有何关系？学生讨论后回答。最后教师总结三江源头和黄河、雅鲁藏布江、怒江、澜沧江及其流向等知识点，讲清三江源与三江并流的差异。

②高寒的特征对植被有何影响？点鼠标呈现青藏地区两幅植被景观图，学生看图回答：植被类型有哪些？

③对农业有何影响？点鼠标呈现农作物景观图、分布图、种类图，我国四大牧区图和简介青藏牧区的短片，学生看图讨论回答：农作物的分布特点是什么？农作物的特性有哪些？畜牧业的分布特点是什么？主要牲畜的特性有哪些？

④对居民风俗习惯有何影响？点鼠标呈现藏民的服饰图、舞蹈图，学生看图讨论其特点并分析原因。

⑤对聚落有何影响？点鼠标呈现一组住宅景观图、聚落分布图，学生看图讨论其特点并分析原因。

⑥地形地势对交通建设有何影响？交通不便。（屏幕显示）青藏铁路建设的相关视频、图等资料并提问：为什么选择青藏铁路线？有哪三大难题？为什么现在才建？建设铁路有何意义？

学生讨论回答后教师总结归纳山区自然条件对陆路建设的影响，分析铁路线建设的意义及区位，教会学生回答此类问题的一般方法。

⑦对资源有何影响？（屏幕显示）太阳能灶、地热发电站、雅鲁藏布江拐弯处森林、察尔汗盐湖、旅游风光等图片并提问：青藏地区蕴藏着哪些自然资源？为什么这里水能、太阳能、地热能资源丰富？

学生看图回答，并分析原因。教师提示学生要运用哪些地理知识和原理，最后呈现资源分布图，让学生找出以上主要资源的位置。

课堂小结：青藏地区在高寒的自然环境下产生了许多独有的特点，但这些特点又是相互关联的。

课例分析

本课例教学的成功之处有以下几个方面。

（1）抓住了主导因素，突出了区域特征。一个区域内，尽管地理事物和现象浩繁复杂，但总有最具代表性和起关键作用的主导因素、主要特征，只要抓住主导因素和区域特征，就能使教学提纲挈领，化繁为简，优化教学过程。本课例共分两部分：第一部分阐述"高"和"寒"。"高"和"寒"是青藏地区突出的区域地理特征，如果将青藏地区的地形特点概括为一个"高"字的话，那么它的气候特征就是一个"寒"字了，它们之间存在着因果联系，是引起地理环境各要素变化的主导因素。抓住了"高"和"寒"对地理环境各要素的影响，也就抓住了各自然景观形成的根本原因。第二部分阐述了高寒环境对气候、水文、人口、农业、牧业和交通等的影响。

（2）教会了学生寻找学习区域地理的主线，构建自己的地理要素认知结构和学习方式。例如，在学习"区域地理特征影响"时适时呈现本目标的知识结构图以及课堂小结部分，利用发散思维导图构建知识联系，形成知识体系；在学习地形地势对交通建设的影响时，教师总结并归纳分析山区自然条件对陆路建设的影响，教会学生分析铁路线建设的意义及区位以及回答此类问题的一般方法。

（3）采用了多媒体教学，教学手段运用直观、合理。例如，对地图的处理、自然景观的描述体现了知识的直观性，调动了学生的学习积极性，激发了学生的学习兴趣，大大提高了课堂效率。

（4）重视了知识与生活的联系，把学生在生活中熟悉的知识迁移到教学实际中。青藏地区离学生很遥远，可是《青藏高原》《天路》等却是广为人知、广泛传唱的歌曲，这些歌曲都可作为很好的教学切入点在教学中使用，执教者对课程的这一资源进行了很好的挖掘。

二、高中区域地理教学的区域比较法

比较法是将各种类型的知识进行对比的方法，可以使学生更好地了解和掌握事物的共同属性和个别特征。高中区域地理教学中区域差异比较的思路与方法是从环境要素的因果关系入手，如位置—气候—植被、土壤—人类生产活动的差异（农业：耕作制度、地域类型），把不同区域的地理要素进行对比，在比较中认识形成差异的原因和应采取的对策。这也是高中区域地理教学的核心目标之一。

（一）区域地理教学中比较法的作用

不同的地区，由于所处的地理位置不同，自然条件和人类活动的方式也不同，表现的区域地理特征也就有很大的差异。在区域地理教学中，当学过几个区域之后，教师应该有意识地将各区域的地理特征进行对比，或者在分析一个地区的某个特征时将其与其他区域的条件进行对比，使学生能加深理解区域地理特征形成和出现的原因，认识出现区域差异的原因，并能根据一定的地理事实材料和分析方法，学习新的区域地理特征。

掌握区域地理特征，主要是掌握区域内的自然环境各大要素及其影响下的社会经济特征，各个区域都大致从这些方面来表述。因此，对比分析学习法的优势就体现出来了。例如，在讲"撒哈拉以南的非洲热带草原气候"这一内容时，教师可引导学生分别从分布地区、形成原因、气候特征等几个方面与亚洲的热带季风气候相比较，通过对比，归纳出这两种类型气候的共同特点和不同之处。

（二）区域地理教学中比较法的运用

比较法的种类可以有很多，但不外乎就是"比同"和"比异"。"比同"能使学生更深刻地认识和理解区域地理特征的一致性，"比异"则能使学生理解区域地理的差异性。区域地理教学中涉及的地理事物和现象复杂多样，因此在课堂教学中，比较法的运用也是多种多样的，使用较多的主要有以下几种。

1.强化概念，区别混淆

区域地理课本中有许多极易混淆的基本知识、名词概念、规律及原理等。对于这种情况，最好利用比较法，使学生获得正确的认识，增强学习的积极性。例如，水资源与水能资源，一字之差，含义不同。水资源的丰富与否是从水量多少来看，而水能资源的丰富与否不仅看水量多少，还要考虑地势落差。地区水资源丰富，并不代表此地水能资源也同样丰富。可见，通过比较法，我们可以清楚地区别易混淆的地理概念，强化学生的记忆。

2.相同事物，突出内在差异

在世界区域中，各地自然地理特征和人文地理特征有很多相同的地方，但由于内在的一些因素影响，有时它们之间存在一定的差异，这就需要我们运用对比法，区分它们之间的差异，如印度半岛与中南半岛都属于热带季风气候，而中南半岛的雨季（6～10月）却比印度半岛的雨季（6～9月）长了一个月。原因是印度半岛只受来自印度洋西南季风的影响，而中南半岛还要受来自太平洋东南季风的影响。太平洋是世界上最大的洋，亚欧大陆是世界上最大的陆地，东南季风的影响时间特别是对低纬地区的影响时间比西南季风的影响时间要长。10月时，西南季风虽然不能给中南半岛带来水汽，但东南季风却能从太平洋带来大量水汽，也就是说，10月雨带因副热带高气压带的移动退出我国大陆后，南撤到了中南半岛，因而10月时中南半岛的雨季并不会结束。可见，通过对比，可以使学生透彻地分析出同一种地理事物之间的差异，更能加强学生对知识的理解与掌握。

3. 相似事物，找出异同点

例如，在"西亚与北非"和"中亚"两节课的教学中，我们知道这两个区域中都存在着较大面积的荒漠景观。但经过对比，可发现两者有着本质的区别：气候特点上，两个区域降水均稀少，中亚冬冷夏热，西亚和北非终年炎热，这主要是两个区域位置的差异导致的。中业深居内陆，距海远，海洋上的湿润水汽难以深入，因而降水稀少，又因地处中纬地区，所以以温带草原和温带沙漠景观为主；而西亚和北非，因地处中、低纬地区的北回归线两侧大陆西岸，主要受副热带高气压的控制，降水稀少，多为热带沙漠景观，形成了世界上最大的沙漠——撒哈拉沙漠。这样，通过对比，我们不但分清了两者的性质，也区别了两者不同的"本质"。

4. 不同事物，找出内在联系

例如，将地中海气候和亚热带（湿润）季风气候做比较，便可使学生明白两者虽然都处在亚热带，但因海陆位置不同，前者由于西风带和副热带高气压带冬夏交替控制，形成冬雨型特征；而后者由于海陆热力性质差异的因素，形成夏雨型的特征。如此一比较，学生就知道地中海式气候分布在亚热带大陆西岸，而后者分布在同纬度大陆东岸，两者的内在联系和特点就清晰明了了。

5. 综合比较，形成网络

综合比较是把不同地区或不同国家的地理综合体的各个要素进行全面比较，以找出它们之间的不同点。通过对比，学生能够对不同地区的各个地理要素、各个生产部门有一个整体的、完整的概念，对知识有一个比较完整的把握，形成一个小的知识网络。这是一种对要素比较多、比较复杂的区域地理知识进行对比的方法。

（三）区域比较法课例

北方地区和南方地区（第一课时）课例

1.导入新课

给学生展示用 Flash 制作的《沁园春·雪》和《村居》。

《沁园春·雪》这首脍炙人口的词为我们描绘了哪个地区的壮丽画面？《村居》这首诗中所呈现的又是哪个地区的迷人春色？不用说，大家都能立即判断出它们分别代表的是北方地区和南方地区。本节课让我带领同学们去神游祖国的北方地区和南方地区。

2.新授

想一想：北方地区和南方地区有哪些自然差异？咱们首先看地形上存在的差异。

（1）地形差异。①看北方地区和南方地区的录像（提醒学生认真观看，看完后让学生上台用彩笔在中国地形图上分别画出南、北方的区域范围，重点突出秦岭—淮河一线）。

②让学生看中国地形图，教师提问：a.北方地区和南方地区位于哪几个阶梯？ b.南、北地区有哪些主要的地形区？

（2）气候差异。教师展示"我国季风和非季风区图"，引导学生回答：北方地区为温带季风气候，南方地区为热带、亚热带季风气候。目的是引导学生比较南、北方气温和降水之间的差异，解释植被类型和河流流量的差异。

①展示 1 月和 7 月平均气温分布图，引导学生得出我国夏季和冬季的气温分布特点：夏季，我国南、北方大部分地区都普遍高温；冬季，我国南、北方气温相差很大，越向北气温越低。然后让学生找出 1 月平均气温分布图中的 0℃等温线，教师强调 0℃等温线和秦岭—淮河一线大致相同。

②展示我国年降水量分布图，让学生找出 800 毫米等降水量线，引导学生观察南、北方的年降水量范围；北方地区少于 800 毫米，南方地区大于800 毫米，越向南降水量越多，教师强调 800 毫米年等降水量线和秦岭—淮河一线大致相同。

③指导学生分别阅读哈尔滨和北京的年内各月气温和降水量图，引导学生得出我国北方地区属于温带季风气候的结论，其气候特征为"夏季炎热多雨，冬季寒冷干燥"，再将这样的特点与武汉和广州的气候进行对比，认识

到南方比北方冬季气温高，最冷月平均气温在 0℃以上，而且年降水量多，为热带、亚热带季风气候，同时为分析植被的特点和河流流量的特点打下基础。

（3）植被差异。①植被的南北差异。a.屏幕分别展示 2 月的东北林海雪原、海南岛插水稻景观图，教师提问：两图所代表的景观可能同时出现吗？为什么？引导学生回答出：可能，因为 2 月正值冬季，我国冬季南北温差大，所以南北景观差异明显。

b.结合"橘生淮南则为橘，生于淮北则为枳"这句话，引导学生明白橘树之所以种在淮河以南和以北长出的果实不同，是因为淮河南北气温存在差异。

②区域内植被仍然存在差异。哈尔滨和北京虽然同属北方地区，但气候条件有所不同。教师引导学生观看"北方温带落叶阔叶林"与"东北林海雪原中被白雪覆盖的针叶林"的图片，体现出即使是在同一区域——北方地区，自然条件仍然存在巨大差异。同理，我们可以看出同属南方地区的武汉和广州的气候条件也有差异，图中反映出的海南岛与长江流域的亚热带常绿阔叶林的景观也有明显的不同。

（4）河流流量的差异。让学生看教材中的长江和黄河流量过程线。用长江代表南方地区的河流，用黄河代表北方地区的河流，通过分析河流流量过程线，比较北方地区和南方地区的河流水文特征的差异。

由降水的特点引导到河流流量分析。首先让学生明白我国东部季风区的河流流量主要是靠天然降水补给，南方地区的降水量比北方地区多，所以长江流量比黄河流量大。其次，帮助学生发现河流流量的变化与降水的变化之间的关系：总的来说，河流的流量随着降水的变化而变化，降水量增加，河流的流量增大，反之减少。最后，引申到我国南方地区夏季会出现洪涝灾害，明确灾害的形成原因，树立防灾减灾意识。

3.课堂总结

课件展示"总结归纳"板块，继续引导学生归纳出形成南方和北方自然差异的主导因素（以教师提问的方式，让学生将展示的幻灯片完成）。

课例分析

本节课运用比较的方法，分析南方地区和北方地区的区域特征。内容涉及"总论"中的基础知识，主要包括中国地形的分布和特点、中国气候的主要特征、中国主要的河流等知识。虽然教学内容所涉及的北方地区和南方地区同属我国的东部季风区，但教学时对于区域内的自然地理并没有一一罗列，而是用比较的方法，对北方地区和南方地区的自然特征进行了对比，从而很好地突出了两个区域间的差异，也便于学生掌握。本节课教学活动还注重了对学生读图能力的培养，同时让学生充分利用各种感官去学习地理知识。

第五章　高中地理教学评价综述

第一节　教学评价与地理教学评价

一、教学评价

（一）教学评价的定义

"评价"一词源于英文 evaluate，这个词在词源学上的含义是"引出和阐发价值"。《辞海》对"评价"一词的解释是"指衡量人物或事物的价值"。从本质上来说，评价是一种价值判断活动，是对客观满足主体需要程度的判断。因此，"评价"一词的内涵可以解释为依据一定标准对客观事物进行观察，并做出价值判断的过程。

教学评价是针对教学而言的，是指所有参与教学活动的人，按照教学目标和课程标准，利用一切可行的方法，对教学活动的效果及学生学习的质量进行估量或评定，比较并分析教学情况达到教育目标的程度的过程。

（二）教学评价的历史演变

教学评价的确立有一个历史过程，了解它的历史对于我们理解"现代教学评价"的本质特性是很有帮助的。从总体上说，教学评价主要经历了以下三个发展阶段。

1. 传统考试阶段

一般来说，教学评价是伴随着教学的产生而产生的，而最早的教学评价形式都是针对学生的学力检验。我国古代最早的教学论专著《学记》中就有关于考核制度的论述："比年入学，中年考校。""一年视离经辨志，三年视敬业乐群，五年视博习亲师，七年视论学取友，谓之小成。九年知类通达，强立而不反，谓之大成。"这可以说是最早的教育评价思想。不过，目前各国教育评价学者都认为，从公元 606 年开始、在中国持续了近 1300 年的科举制度是世界上最早的教育评价形式，它实际是一种针对考核学生学力水平而设的考试制度。但是这种传统考试存在许多严重的弊端，如考试的内容大多是陈述性的知识，偏于记忆，命题缺乏科学性，评分标准不统一，不够公正、客观、准确。为改进考试方法，教育测验便应运而生。

2. 教育测验阶段

19 世纪末 20 世纪初，随着实验心理学个体差异研究的进步和教育统计学的发展，教育理论工作者们开始探讨如何将心理测量的方法应用于教学领域，实现学业成绩考核的客观化、标准化与数量化。教育测量在一定程度上克服了传统考试的主观、笼统和偏于事实性的知识与死记硬背的问题，但也存在明显的不足。它企图用数字来表示教育者的全部特征，这难免因流于形式而机械化。学生的态度、兴趣、创造力、鉴赏力等是十分复杂的，很难全部量化。正是因为这些不足，教育测验逐步向教育评价发展。

3. 教育评价阶段

最早倡导从"测验"转向"评价"的是美国的教育评价与课程理论专家泰勒。1933 年，美国"进步教育协会"发起了一项著名的研究，这项研究旨在从根本上对美国中学的课程进行尝试性的改革，因历时长达 8 年（1934—1942），故人们称之为"八年研究"，此项研究的报告奠定了现代教育评价的基础。泰勒还认为，评价必须建立在清晰地陈述目标的基础上，根据目标来评价教育效果，促进目标的实现。从此，教育评价的思想和方法被逐渐推广至世界各国，教育评价理论也不断完善。

教学评价是教学的重要组成部分，它在运用现代评价思想和方法的同时，也并不完全否定考试和测验。它以考试作为一种基础性的手段，来收集学生对知识的掌握程度方面的信息；以测验作为测量的手段，获得客观的数据，进行进一步的分析、综合，做出价值上的判断。教学评价是一种更先进的教育思想，它是考试和测验的进一步发展。

（三）教学评价的作用

从学校教育教学的实际情况来看，教学评价具有以下作用。

1. 教学评价是提高学校教育质量的重要保证

一个学校的教育质量如何，主要取决于它的各种教学质量。开展教学评价，从设置教学目标入手，并以此为依据，对教学过程和教学结果进行价值判断，评价的每一步都是为了最大限度地实现教学目标，并最终实现教育目的。因此，教学评价是提高学校教育质量的重要保证。

2. 教学评价是完善教学系统的重要环节

教学评价是整个教学过程中不可缺少的环节。从教学的准备到课堂教学的具体实施，若没有评价这个重要的操作步骤，就不能说是一个完整的教学过程，就不能完成整个教学的"周期环"。同时，教学准备与实施过程本身也包含着各种评价因素。教学评价可以说既是一个教学过程的结束，又是下一个教学过程的开始。它发挥了预测、监控功能，又起到了反馈、管理的作用。

3. 教学评价是推动教学活动不断增值的重要手段

教学评价的最终目的并不仅仅是对教学活动的有效与否做出鉴定，划定相应的等级，更重要的是使教学活动的价值达到最大。教学评价的这一作用是通过提供教学活动的反馈信息、激励师生的教学积极性、对教学工作做出正确决策来实现的。通过评价活动，教师和学生可以获取反馈信息，从而对教与学的活动进行有效的调节，并完善教与学的目的；通过评价活动，教学成果得到不断强化，在客观上产生巨大的刺激、激励作用；评价活动使教学工作的决策和咨询有了可靠的依据。大量事实表明，没有教学评价所提供的具有说服力的结果，改革教学工作的决策就难以产生。

（四）教学评价的程序

教学评价是一项专业性和技术性很强的工作，毫无疑问，按照科学的工作程序组织教学评价对于保证教学评价的质量是十分有益的。

根据国内外专家的观点，教学评价的一般程序在宏观上可以从两个不同的角度加以讨论。

1. 从教学活动的角度

从教学活动的角度，把教学评价置于教学活动之中，教学评价的一般程序为计划—过程—成果。教学评价活动的这三个阶段的时间、项目和任务可以简明地用表 5-1 反映出来。

表5-1　教学评价活动的三个阶段

时　间	项　目	任　务
计划阶段		
教学活动前	1. 教学目标 2. 教学活动 3. 评价准备	1. 分析教学条件 2. 确定教学目标 3. 选择教学方案 4. 选择评价方法 5. 制订工作计划
过程阶段		
教学活动中	1. 实际活动与计划的相符程度 2. 改进教学所需要采取的措施	1. 教学目标适合性评价 2. 教学方案有效性评价 3. 教学现场状态数据采集 4. 评价方法可行性考查
成果阶段		
教学活动后	1. 教学活动的全面效果 2. 新的教学对策	1. 收集与整理资料数据 2. 分析与解释目标成果资料 3. 研究与探讨非预期成果资料 4. 完成评价报告

2. 从教学评价的角度

从教学评价的角度，按教学评价自身进行的过程划分，教学评价的一般程序为预备—实施—分析。

（1）预备阶段。教学目标条件分析：进行教学目标和教学条件的对比、分析，注意宏观的教学背景分析和被评价对象的状态分析，确定教学评价要解决的主要问题，以保障评价的针对性，提高评价的实效性。

制订评价方案：确定评价的目的和预期效果，规定评价的内容和准则，限定各准则相应的权重，选择评价的方法，以保障评价的目的性，提高评价的规范性和可操作性。

建立评价组织：落实评价的组织和机构，选择评价者，以保障评价的权威性，提高评价的效度。

（2）实施阶段。收集信息资料：根据评价方案尽可能全面地收集信息资料，要求信息资料具有准确性、及时性和系统性。

分析评议评分：根据评价的目的和收集到的信息资料，运用科学的方法对被评价对象做出符合实际的评判，这种评判与教学测量紧密相关。

综合整理汇总：这是教学评价实施阶段和分析阶段的过渡环节，要求综合整理汇总的信息资料全面、准确、系统、明了。

（3）分析阶段。形成综合判断：在充分的分析、评议和评分的基础上，根据综合整理汇总的信息资料，做出相应的形成性评价和诊断性评价，并从总体上对被评价对象做出定性的或定量的综合评价。

向有关方面反馈评价信息：由评价获得信息后，一般应该向三个方面进行反馈报告。首先是向被评价对象反馈，以利于进一步的教学改革；其次，向有关决策者报告，为他们提供决策的重要依据，但这不是唯一的依据；最后，有些情况下，评价结果还要在一定范围内公布，以使同行相互学习、相互借鉴、相互鼓励和相互监督。

教学评价活动程序的基本结束正是教学评价发挥作用的开始。

二、地理教学评价

（一）地理教学评价的内涵

地理教学评价就是根据地理教学目标，通过多种方式系统地收集各种信息，对地理教学环节（或过程）和效果做出价值判断，并对地理教学进行必要调整的过程。

地理教学评价包括三个方面的内容，即价值区分、收集信息、做出判断并据此对地理教学进行调整。价值区分就是对"什么是重要的"问题给出可操作的定义。以升学为目的的价值观指导下的地理课程教学和以提高学生地理科学素养为目的的价值观下的地理教学对"什么是重要的"问题的回答必然出现极大的差异。评价过程中需要系统地搜集信息，考试是搜集评价信息的主要方法，但不是唯一途径，新课标尤其反对以考试作为单一评价方法的做法。不同的教学目标需要使用不同的工具来搜集信息。若采用利用多种搜集方法获得的信息来对评价对象做出评价，结果将更加可信。地理评价活动最关键的是根据信息做出价值判断及改进教学决策。这项工作是从价值上对所搜集的信息进行分析和判断的，即对地理教学环节、效果做出价值上的判断，然后根据判断来改进地理教学。

评价是地理教学中一个基本的反馈机制，是地理教学过程中不可缺少的环节，是教师了解教学过程、调控教学行为的重要手段。地理教学评价的目的不仅在于评定学生的学业成绩，更重要的是诊断学生是否有错误的地理概念和地理学习困难，鉴别教学上可能存在的缺陷以及为改进地理教学设计提供依据。

以往的教学常常把学习和评价割裂开来，将评价看作学生学习的终结。新课程改革后，关于地理教学评价的理念发生了很大的变化，认为地理教学评价与学生学习是密不可分的，地理教学评价应该伴随学生学习的整个过程。因此，在地理教学中，教学评价应当处于"目标追求活动—评价—调整"的循环往复中。通过及时的评价反馈，学生可以了解自己在多大程度上达到了地理新课标所规定的目标，激励自己改进学习；教师可以了解学生的学习需求、进步状况以及达标程度，并针对学生学习存在的问题改进地理教学。

（二）地理教学评价的作用

为了全面地检查、评估地理教学质量，不断改进地理教学工作，从教与学的动态活动及相互作用的结果中获取供决策使用的反馈信息，需进行地理教学评价。地理教学评价在教学中是起核心作用的一环。

1.地理教学评价从质与量、内容、过程和结果方面评估地理教学全过程

地理教师的教授活动效果如何，教学目的和目标的达成度怎样，教学决策中有哪些成绩和缺陷；学生的地理学习水准和准备状态如何，学力培养得如何，学习的意向和志趣培养得如何，在学习中有哪些薄弱环节；以及师生间对教学的目的和目标、教学内容、教学方式等在认识上有哪些不和谐的问题需要调整；等等，所有这些问题都需要借助地理教学测量和评价，从质与量、内容、过程和结果方面给出科学的检测、判断和结论。

2.地理教学评价以教学测量信息为基础，对教学预期目标做出判断

地理教学测量在学校里常见的形式是测验。新课标推崇的测验是广义的测验，是具有综合测评功能的测验形式。地理教学测验运用科学的测量方

法，对学生学习的地理基础知识与基本技能、过程与方法、情感态度与价值观进行检查，然后进行客观比较，以判定教师的教学效果。在教育和教学实践中，测量的概念率先产生，但仅仅测量、搜集数据，而不给出价值判断，这样的测量不能说明问题。测量的主要任务是提供客观的数量化及非数量化的信息，这些信息本身并不能揭示教学问题，而评价是系统地搜集信息，对客体进行价值判断的过程。地理教学评价正是从教学目标的角度，对地理教学测量和测验所提供的数量化的资料及通过观察等获得的资料做出解释，从而对教学工作达到预期目标的程度做出价值判断的过程。

3.地理教学评价为地理教师和学生提供自我鉴定的依据

地理教师总是要以教学测量为手段，通过分析综合进行判断，以得知自己或他人的教授活动与学生的学习行为状态，进而与教学目标和教学要求相对照，获取准确具体的结果。学生作为积极主动的认识主体，也总要努力以教学目标和学习要求为标尺来评判自己的学习结果与进展。教学测量与教学评价紧密相连。仅有测量不进行评价是没有意义的，而要评价，就必须进行量和质的分析，也称为量和质的描述或记述。这种关联可借助以下表达式来描述：

评价 = 测量（定量描述）+ 非测量（定性描述）+ 价值判断

新课标中的地理教学评价既注重提供数量结果的测量技术，又注重提供非数量化资料的观察、陈述技术，使两者做到结合互补。总之，地理教学测量和评价在地理教学系统中具有检验教学效果、诊断教学问题、提供反馈信息、引导教学方向、调控教学进程的作用，是地理教学系统中不可或缺的部分。

（三）地理教学评价的范围

教学评价的范围十分广泛，从广义上讲，教学活动的范围就是教学评价的范围。在教学评价过程中，人们往往根据不同的需要，在不同的范围内进行评价。从一般意义而言，地理教学评价的范围分为以下三个方面。

1.对学生的地理学习行为的评价

以往的教学评价大多只关心学生学习的结果，在具体评价中往往以对学习结果的评价来代替对学习行为的评价，这种状况不仅缩小了教学评价的范围，而且影响了评价的效果。学生的学习行为是丰富多彩和不断变化的，它们既受教师行为的影响，反过来又影响教师的行为，即学生的学习行为是在教与学的双边活动中变化发展的。通过对学生动态行为的观察、评价，评价者可以获得大量的有助于了解、判定教学现状及其效率的真实资料，以及改进学生学习、提高教学质量的信息。因此，在新一轮的课程改革中，学生学习行为评价已经上升为地理教学评价中最重要的评价工作。

2. 对地理教师的教学行为的评价

对地理教学结果的评价非常重要，但它只能反映教学的总体水平和质量，不能及时、全面地反映教学过程中各种因素的发展变化及其原因，不能及时提供调控信息。因此，评价只局限于教学结果的范围是远远不够的，还必须对处于动态过程中的教师的教学行为进行评价。

对教师教学行为的评价是在动态的教学过程中进行的，因而所得到的评价是诊断性的和及时的。教师的教学行为多种多样，从教学环节的角度看就有备课、上课、作业批改、学习成绩的考查与讲评、研究性学习的指导，甚至包括课程资源建设等一系列行为。具体行为不同，评价的着重点也不同。例如，对备课行为的评价主要看教师是否认真钻研了教材，是否深入了解了学生，是否在此基础上对教学目标、内容、方法、环境等进行了合理设计，形成了完整的地理教学设计方案；对一堂课的评价则主要看教学目的是否明确，教学内容是否正确，教学速度、节奏是否适当，教学方法是否合理，是否有效调动了学生学习的积极性、主动性，是否达到了预先的教学设计要求；对作业布置与批改行为的评价主要看教师布置的作业是否分量适当、难易适中，是否有利于学生巩固、消化所学知识并形成相应的技能、技巧，教师批改作业是否细致、认真，评语是否恰如其分地指出了学生的优缺点，能否对症下药，帮助学生纠正错误；对考试、考查行为的评价主要看教师命题是否科学、合理，评分是否公平、客观，能否根据考试结果提供的反馈信息改进地理教学；等等。

另外，还可以从其他的角度对地理教师的教学行为进行评价，如地理教师的教学设计行为、组织实施行为、课堂管理行为、人际交往行为。对地理教师的教学行为评价还要关注教师与学生是否处在民主参与、共同协商、相互理解的互动氛围中，教师能否尊重学生的差异，允许价值多元共存。总之，对地理教师教学行为的评价是教学评价的一个重要方面。获取这方面的评价资料对于提高教学评价的全面性和准确性具有重要意义。

3. 对地理教学结果的评价

对教学结果的评价是教学评价传统的、最主要的工作范围。教学结果的评价是总结性评价，它着重测定学生知识、技能的掌握及提高程度，以及一般能力和学科能力的发展程度。教学结果的评价有助于从整体上了解教学的质量、判断地理教学任务的完成程度和地理教育目标的达成程度。

（四）地理教学评价的原则

地理教学评价的原则就是在地理教学评价中应遵循的基本要求。在以往的教学评价中，我们坚持遵循科学性、客观性、公平性的原则，这使教学评价走上了规范化的轨道，对教学质量的提高起到了很好的促进作用。

1. 科学性原则

教学评价的科学性就是在进行教学评价时要坚持理性和客观性，评价活动的环境要适宜，要符合客观事实，符合评价目的。地理新课标指导下的教学评价的目的是促进学生全面发展，进而形成适应社会发展需要的必备品格和关键能力。教学评价要以高中地理课程标准为准则，把握好每个标准所要求的具体内容，理解和把握学生学习评价建议，促使评价结果更加真实可信。制定评价标准时要依据课程内容的不同，使评价标准符合学生现阶段的发展水平；还要根据教学条件和教师经验等因素选取适用的教学方法，将评价的结果客观地呈现，使评价结果真实有效。

2. 过程性原则

教学评价所要关注的应该是学生各个方面掌握和发展的情况，而不是某一个方面和某一个点上的掌握和发展情况，要防止以点代面、以偏概全的状况发生。在地理新课标指导下，对学生学业成绩的考查不是教学评价的全部，应更加注重学生学习过程的评价，必须改变学生"被动学习"的现状。建构主义学习理论强调学生知识建构过程的重要性，要提高学生的认知水平。学生地理学科核心素养不是短时间内就可以形成的，必然需要一个知识积累和能力锻炼的过程，所以对学生学习过程的评价尤为重要。

3. 多元性原则

人的智力具有多元性，每个人拥有的智能方向是不同的。评价者要主动学习新思想，发掘学生多方面的潜能，就要注意在评价活动中自身思维的多元化，随着学生的思维变化转换评价的语气和方式，将学生的智能细致地、全面地挖掘出来。

从不同的角度出发，确定多种评价目标，如除了要确定因各时段的学习内容不同而不同的达到目标、提高目标、体验目标，还要确定课时目标、学期目标、学年目标等，从而全面评价学生的地理核心素养水平。

创新教学评价的方法。在进行教学评价时，要做到过程评价与结果评价相结合、自我评价与他人评价相结合、传统评价与新型评价相结合等多种评价方式并存，全面获取学生的学习信息，反映学生的学习过程。同时，评价不仅要注重评价方式的多元化，还要注重评价结果的多元化展示。

4.发展性原则

在教学实施的过程中，教学评价应是动态的、积极的、面向未来的。从宏观讲，教学评价的结果可为教育改革提供可借鉴的第一手资料，反映地理教学评价的现状，发现教育改革存在的问题，培养学生适应社会发展的必备品格和关键能力。随着新知识和新思想不断涌现，如何快速地、最大化地吸收和利用这些新知识和新思想，并将其运用到学习和工作中，是学生终身学习和发展的必备能力。从微观上讲，教学评价反映教师的教学动态，敦促教师扬长避短，规范教学行为，更加坚定不移地学习核心素养的理念，并将其创造性地投入到自己的工作当中；发现学生在建构知识的过程中存在的问题，使学生更加主动地投入到以后的学习中，促进学生能力与素养的形成。评价不只有甄别和选拔的作用，更重要的是评价者要以发展的眼光积极地鼓励学生，确定更高一级的发展目标，发挥教学评价的激励作用。只有坚持发展性原则，教学评价才会有真正意义上的进步。

第二节　高中地理教学评价的理论基础

一、多元智能理论与教学评价

（一）多元智能理论的内涵

1.智能的种类

加德纳的多元智能理论体系包括以下几种智能。

（1）言语—语言智能。这种智能主要是指听、写的能力，表现为个人能顺利而高效地利用语言描述事件、表达思想并与人交流的能力。

（2）音乐—节奏智能。这种智能主要是指感受、辨别、记忆、改变和表达音乐的能力，表现为个人对音乐，包括节奏、音调、音色和旋律的敏感，以及通过作曲、演奏和歌唱等表达音乐的能力。

（3）逻辑—数理智能。这种智能主要是指运算和推理的能力，表现为对事物间各种关系，如类比、对比、因果和逻辑关系的敏感，以及通过数理运算和逻辑推理进行思维的能力。

（4）视觉—空间智能。这种智能主要是指感受、辨别、记忆、改变物体的空间关系并借以表达思想和情感的能力，表现为对线条、形状、结构、色彩和空间关系的敏感，以及通过平面图形和立体造型将它们表现出来的能力。

（5）身体—运动智能。这种智能主要是指运动四肢和躯干的能力，表现为能够较好地控制自己的身体，对事件能够做出恰当的身体反应，以及善于利用身体语言表达自己的思想和情感的能力。

（6）自知—自我认知能力。这种智能主要指认识、洞察和反省自身的能力，表现为能够正确地认识和评价自身的情绪、动机、欲望、个性、意志，并在正确的自我意识和自我评价的基础上形成自尊、自律和自制的能力。

（7）交往—人际关系智能。这种智能主要是指与人相处、交往的能力，表现为觉察、体验他人情绪、情感和意图并据此做出适宜反应的能力。

（8）自然观察者智能。这种智能主要是指观察自然界中的各种形态，对物体进行辨认和分类，能够洞察自然或人造系统的能力。

2.智能的性质

在加德纳看来，上述各种智能不是以整合的方式存在的，而是相对独立的，各自有着不同的发展规律并使用不同的符号系统。各种相对独立的智能以不同方式和程度有机地组合在一起，即便是同一种智能，其表现形式也不同。正是这种在个体身上体现的智能差异性，使得我们每一个人看起来都"与众不同"。

加德纳认为，因为每个人的智能都有独特的表现方式，每一种智能又都有多种表现形式，所以，我们很难找到一个适用于所有人的统一的评价标准，来评价一个人的聪明或成功与否，正如我们无法指出丘吉尔、莫扎特、爱因斯坦、毕加索谁更聪明、谁更成功，而只能说他们各自在哪个方面聪明、在哪个方面成功。因为我们不能说上述八种智能哪一种重要、哪一种不重要。它们在个体智能结构中都占有重要的位置，处于同等重要的地位，只不过表现的程度和方面不同而已。

加德纳认为，在正常条件下，只需要适当的外界刺激和个体本身的努力，每一个个体都能发展和加强自己的任何一种智能。在加德纳看来，影响每个人智能发展的有三种因素，即先天资质、个人成长经历和个人生存的历史文化背景。这三种因素是相互影响、相互作用的。加德纳指出，虽然人的天赋对智能的类型起决定作用，但智能的发展水平高低取决于个体后天的历史文化教育活动。其中，开启经历和关闭经历就是两个重要的变化过程，是个体智能发展的转折点。前者起到开启智慧的作用，后者则起到扼杀智慧的作用。前者如著名的"爱因斯坦的指南针"的故事，因为一个指南针爱因斯坦产生了探究宇宙奥秘的欲望，开启了他的逻辑—数理型智能的发展。后者则通常与耻辱、内疚、恐惧等消极经历有关，它会中断一个人某种智能发展的路程，从而使这种智能失去进一步发展、完善的机会。

加德纳给人们提供了一种多维地看待人的智力的视野和方法，多元智力理论的广阔性和开放性对于我们正确地、全面地认识学生具有很高的借鉴价值。他认为各种智力只有领域的不同，而没有优劣之分、轻重之别，也没有好坏之差。因此，每个学生都有可资发展的潜力，只是表现的领域不同而已。这就需要我们的教师在以促进学生发展为终极关怀的参照下，从不同的视角、不同的层面去看待每一个学生，而且要促进其优势智力领域的优秀品质向其他智力领域迁移。教师评价学生再也不能以传统的文化课学习成绩与能力为唯一的标准与尺度。

（二）多元智力理论对高中地理教学评价的启示

多元智力理论一经提出，即对教育界产生了巨大的影响。

第一，它直接影响教师形成积极乐观的"学生观"。根据多元智力理论，学校里没有所谓"差生"的存在，每个学生都是独特的，也是出色的。这样的学生观一旦形成，就使得教师乐于对每一位学生报以积极、热切的期望，并乐于从多个角度来评价、观察和接纳学生，重在寻找和发现学生身上的闪光点，发现并发展学生的潜能。这正是高中地理新课标教学评价所倡导的改革方向，关注学生个体间发展的差异性和个体内发展的不均衡性，评价内容多元、评价标准分层，重视评价对学生个体发展的建构作用。

第二，多元智力理论直接影响教师重新建构"智力观"。传统的智力理论将智力解释为一种以语言能力和逻辑—数理能力为核心的整合能力，而多元智力理论则强调，智力的本质更多地表现为个体解决实际问题的能力和生产及创造出社会所需要的有效产品的能力。因此，多元智力理论拓展了教师的"智力观"，教师不但关注学生的地理学业成绩，而且关注学生的全面发展，尤其重视培养学生的地理实践能力和创新能力。这正是新课程学生评价改革的方向，即建立促进学生全面发展的评价体系，加强地理考试内容与学生生活经验、社会实际的联系，重在考查学生分析地理问题、解决地理问题的能力，等等。

第三，多元智力理论帮助教师树立新的"教育观"。多元智力理论不仅提出每一位学生都同时拥有智力的优势领域和弱势领域，而且提出在每一位学生充分展示自己优势领域的同时，应将其优势领域的特点迁移到弱势领域中去，从而促使其弱势领域得到尽可能的发展。因此，教育首先是赏识教育，教师相信每一位学生都是有能力的人，乐于挖掘每一位学生的优势潜能，并给予充分的肯定和欣赏，树立学生的自尊和自信。其次，教育是个体化的教育，教师变得更为主动、自觉地为每一位学生设计"因材施教"的方法，以配合其智力组合的特点，促进其优势才能的展示和发展，使每一位学生都能实现个人价值。最后，教育是主动发展的教育，教师帮助学生发现和建立其智力优势领域和弱势领域之间的联系，以此为切入点，引导学生有意识地将其从事优势领域活动时表现出来的智力特点和意志品质迁移到弱势领域中去。这些教育观深刻地体现了新课程学生评价改革的思想，即关注评价的教育功能，发展和发现学生身上多方面的潜能，了解学生在发展中的需要，帮助学生认识自我、建立自信，促进学生在原有水平上的发展，等等。

可见，多元智力理论倡导的评价思想与地理新课标中教学评价改革的方向相一致，并为建立促进学生全面发展的评价体系提供了有力的理论依据与支持。而且，以多元智力理论为依据建立的"学生观""智力观"和"教育观"将有助于教师更好地理解和实践新课程所倡导的学生评价。

二、建构主义理论与教学评价

（一）建构主义理论的内涵

20 世纪后叶，针对传统的赫尔巴特教育思想的弊端和社会发展的要求，也基于人们对哲学、心理学和教育学的重新认识，建构主义的教学观盛行于西方。建构主义宣称，认识者只有在依靠自己的经验建构真实或解释真实的过程中，才能在心中拥有更多的真实。不存在唯一的真实或任何客观的实在。它关心的是我们如何从自身的经验、智力结构和信念出发建构知识。建构主义主张，在解释事件、对象和有关真实世界的各种观点的过程中，大脑是工具性的、必不可少的。而且，这些解释构成了个人的知识库，大脑在解释过程中过滤着来自外界的输入。基于建构主义的一个重要结论是我们每个人都以不同的方式想象外部世界，这种不同基于我们对世界的独特经验集合及我们对这些经验的信念。时至今日，建构主义的教学观仍深刻地影响和引导着现实的教育教学。

与传统的赫尔巴特"三中心"相反，建构主义强调人的主体能动性，即要求学习者积极主动地参与教学，在与客观教学环境相互作用的过程中，学习者自己积极地建构知识框架。"人在认识世界的同时认识自身，人在建构与创造世界的同时建构与创造自身。"① 著名教育家杜威的教育哲学的精髓也在于说明经验的中心应该是主体在有目的地选择对象基础上的主观改造。皮亚杰的结构观和建构观也认为人的知识是在知识范畴和感性材料相互结合的基础上建构的，离开了主体的建构活动就不可能有知识的产生。皮亚杰理论中的同化和顺应正是说明了主体在学习活动中的能动性。维果茨基的"最近发展区"理论主旨在于学生的学习是在教师有效指导下逐步发展的过程，揭示出教学的本质特征不是行为主义者所认为的"刺激—反应"，而是激发学习者尚未成熟的心理机能。以上建构主义理论的先驱们给我们当代教育教学有益的启示是教学绝不是教师给学生灌输理论、知识、技能，而是学生通过驱动自己学习的动力机制积极主动地建构知识的过程，课堂的中心应该在于学生而不在于教师，教师在课堂教学中应该是引导者、促进者和帮助者。教师不应该把自己的理解强加给学生，而应该重视学生自己对各种现象的理解，倾听学生的想法，与学生共同针对某些问题进行探索，并在此过程中相互交流和质疑，了解彼此的想法，彼此都做出某些调整。学习者个体之间的差异是一种宝贵的资源，由于经验背景的差异，学习者对问题的理解常常各异，在学习者的共同体之中，这些差别本身便构成了一种宝贵的学习资源。

建构主义是学习理论中行为主义发展到认知主义以后的进一步发展。建构主义的核心观点认为认识并非主体对于客观实在的简单的、被动的反映，而是一个主动的建构过程，即所有的知识都是建构出来的。在建构的过程中主体已有的认知结构发挥了特别重要的作用。可以看出，建构主义强调在学

---

① 赵明仁，王嘉毅.促进学生发展的课堂教学评价 [J].教育理论与实践,2001(10):41-44.

习中学习者的积极主动起到了极其重要的作用。教育就应以学生为中心，即要求学习者积极主动地参与教学，在与客观教学环境相互作用的过程中积极地建构知识框架。作为建构主义的先驱者，皮亚杰否定了以教师为中心的传统教学模式。他提出教师不仅仅是知识的传授者，更应该努力调动学生学习的积极性，激发学生学习的内外动机。教师是教学活动的组织者，根据教学情况组织学生进行"小组学习""个人学习"和"全班讨论"等多种形式的教学活动。教师应当发挥"启发者""质疑者"和"示范者"的作用，充分调动学生，让学生参与到教学活动中，学生在与教师和同学的互动中，建构知识及能力。该理论强调学习过程中学生的积极主动性、强调学习的社会性质，重视师生之间、学生与学生之间的社会相互作用对学习的影响。建构主义的理论让我们认识到我们现行的自上而下、评价者单一的评价方式对于学生是一种不平等的评价。我们的评价的方式和主体应当多元化，应让学生参与到对自己、对同学的评价中。教师不再是评价的唯一主体，只有学生参与才能真正体现以人为本的理念。评价的过程是一种民主参与、协商和交往的过程，所以价值多元、尊重差异就成为建构主义评价的基本特征，体现了学生评价的时代精神。

（二）建构主义理论对高中地理教学评价的启示

建构主义理论对高中地理教学评价的启示主要体现在以下几个方面。

1.目标自由的评价

建构主义理论的一个重要特点就是评价的目标比较自由，可以克服对特殊设计的目标进行评价时所产生的偏见。

2.以知识建构过程为核心的评价

建构主义认为，教学评价的重心应该是知识获得的过程而不仅仅是结果。教学评价应重视评价学生知识建构过程，主张从多维度、多层次的角度评价学习结果。因此，有效评价必须与教学整合在一起，成为教学的一部分。

3.强调对学生自我成分和元认知发展的评价

建构主义强调人的主观能动性，即要求学习者积极主动地参与教学，在与客观教学环境相互作用的过程中，学习者自己积极地构建知识框架。诊断性和反思性是建构主义学习的核心特征之一。这样学习者可以根据学习的需要和不断变化的情况修改和提炼自己的策略，以获得持续不断的进步。

4. 多侧面、多形态的评价标准

建构主义学习是多侧面和多观点的，学习的每一种观点、模式或维度都可以通过不同的形态来表征。因此，在建构主义学习环境中应该展现多样化的评价观点，以使学习者协商不同的观点，从而获得更高级的理解。

5. 动态评价

建构主义主张的教学评价方法常常涉及"动态评价"。这种评价方法的特征是学生成绩是在同他人相互作用的过程中被评价的，从而确定该学生从帮助或指导中所获益处的潜能。以维果茨基的话来说，传统的静态测量至多告诉我们关于个体的实际发展水平，而动态评价是设计用来揭示学生发展的潜在水平。

第三节　高中地理教学评价的方法

一、定性评价与定量评价

（一）定量评价及其功用

定量评价也称硬评价，它是一种以运用客观的收集信息的方法和定量分析技术为主的评价。定量评价在更多方面表现为对学生测试、测量所得的评价数据资料，如学生的考试成绩、教师的教学素质测验成绩。定量评价的功用有如下几点。

1. 定量分析是获得评价结论的重要依据

任何质量都表现为一定的数量，没有数量也就没有质量。在评价中，缺乏对教学质量的数量分析则很难对教学活动的社会价值做出全面、正确的判断。教育质量的差异往往通过数量的差异得到反映和体现。

2. 定量分析是表述评价结论最简捷的方法

表述被评因素和评价结论之间逻辑关系的最简捷方法就是定量分析方法，用数字差异揭示被评对象的差异显然是最简单、最明了的方法。

3. 定量分析是提高评价客观性的重要手段

定量分析往往是在客观资料的基础上进行的，因而它可以在很大程度上避免主观因素，可以极大地提高评价的客观性。

4.简化了评价工作，为节约评价工作的人力和物力提供了方法

定性分析往往是专家分析，定量分析往往是统计分析。在收集了一定数据的基础上，运用现代化的工具是很容易进行统计分析的。因此，运用定量分析的手段可以节约大量的人力，尤其是专家的劳动。此外，定量分析为检验评价结论，从而为检验评价工作本身的质量提供了可能。

当然，定量评价往往只关注可测性的品质与行为，处处、事事都要求量化，强调共性、稳定性和统一性，过分依赖纸笔测验形式，有些内容勉强量化后，只会流于形式，并不能对评价结果做出恰如其分的反映。因而，它忽略了那些难以量化的重要品质与行为，忽视了个性发展与多元标准，把丰富的个性心理发展和行为表现简单化为抽象的分数表征与数量计算。

（二）定性评价及其功用

定性评价也称软评价，它是一种以主观描述和定性分析为主的评价。例如以下一些对地理教师教学过程的描述性评价语言就属于定性评价。

（1）体现地理新课程标准的精神，多维度达成教学目标。

（2）依据了不同的教学目标、学生特点，选取了符合学生实际的教学内容。

（3）把握了地理教材的内容结构，没有知识性错误。

（4）能有效控制教学活动，组织形式多样的教学讨论、交流、辩论、竞赛等，提高学生参与性与主动性。

（5）指导学生大胆质疑，培养学生发现地理问题、解决地理问题的能力，并以学生的问题作为教学的出发点。

定性分析是从确定事物的性质着手的一种分析方法，一般用日常语言来描述评价对象和教学活动的状态和结果。在教学评价活动中，定性分析有以下几个功用。

1.它为定量的分析活动提供了基础

定量分析特别是数字运算是建立在数的同质性基础上的，即定量分析的量必须是同质的，而质的分析就是定性的分析。

2.它为定量的分析结果提供了说明

数字作为对客观世界的抽象概括，在很多情况下，它的意义并非是很明

确的。为了理解这些数字，人们还必须借助定性的描述，必须借助日常语言来说明这些数字的意义与含义。

3. 它为被评人员改进工作提供了指南

教学评价，尤其是形成性评价的重要目的是改进工作。描述性意见本身主要是定性分析的，可以使被评人员了解自己的工作存在哪些问题，以及如何去改进这些工作。定性分析的意见可能并不是很精确，但对教师和教学管理人员来说却很实用。

4. 它为某些难以量化的评价环节提供了测评的可能

尤其在新课程改革中，地理教学活动的开放性得到了进一步加强，许多教学活动很难用量化的指标完成评价过程，如探究性学习、研究性学习、传统的野外考察、野外调查与实习。

但是，定性评价有时会使评价结果模糊笼统，弹性较大，难以精确把握。

其实，长期以来，在教育评价领域，定量评价与定性评价之间一直存在着争论。支持定性分析的观点认为，定量评价未能抓住教育中的实质性问题，忽视了教育中各种客观方法难以量化处理的因素，定量分析的效度也很值得怀疑；支持定量评价的观点则认为，定性的评价是科学性和可靠性程度都很低的评价，只有定量的评价才能做到客观和公正，为人们所接受。不可否认，定性评价与定量评价各有优势与缺点，两者不应是对立的，而是相互补充的。因此，在教学中应采取定量评价与定性相结合的方式。

二、总结性评价、形成性评价与诊断性评价

（一）总结性评价及其功用

总结性评价是指为了对已制定好的地理教学方案、计划、课程等的整体效益做全面鉴定所进行的评价。总结性评价有三个基本特点：在目标上，总结性评价着眼于对整个地理教育教学阶段或某个重要部分所取得的成果进行全面的评定；在内容分量上，总结性评价着眼于学生对某个地理模块课程整个内容的掌握，与形成性评价相比，它所涵盖的范围较广，评价内容的比例常常与整个课程各个单元的比例或课时所占的比例一致；在测试内容的概括性上，概括性水平较高。与形成性评价相比，总结性评价的重点不是过细

的地理知识或技能，而是具有广泛迁移效果和学生以后继续学习所必须掌握的地理知识或技能，以及思考与应用等多种因素的综合体。

总结性评价的功用主要有以下几种。

1. 为学生评定成绩

通过总结性评价，确定学生在地理学习上的进步和达到教学目标的程度，从而对学生的地理学业成绩做出整体性的价值判断。这种判断可用于证明学生的资格，为学生的安置提供依据。

2. 预言学生在后续学习中成功的可能性并确定学生在后续学习中的起点

总结性评价比较概括地反映了学生的知识、技能和能力，以及情感态度、价值观的总体水平，因此，在地理学科的总结性评价中得分高的学生，往往可预测出其在以后的地理学科或其他学科的后续学习中也是成功者。当然，这种预测是有限的，要看到学生的发展性和波动性。可以通过总结性评价具体明确学生的知识、技能掌握状况和能力发展的水平，从而帮助教师确定后续教学内容。

3. 为学生提供学习反馈

总结性评价能使学生明确自己整体的学习效果，并对学生的学习动力产生重要影响。比如，在学生学习完有关区域地理的内容后，为了考查学生对区域地理的掌握程度，以及考查学生地理区域比较和地理要素比较的能力，可以设计一些题目来评价学生的状况，为学生了解自己的学习效果、教师了解教学效率等信息提供依据。

（二）形成性评价及其功用

形成性评价主要指在教学进行过程中为改进和完善教学活动而进行的对学生学习过程及结果的测定。它是在地理教学方案实施、课程单元教学进程中进行的评价，其目的在于及时获取反馈信息，发现存在的问题与缺陷，并以此为依据修改、完善教学方案或帮助学生改进学习。

形成性评价强调要开展以调节教育过程、保证更好地实现教育目标为目的的评价活动。地理教学则要求对学生的地理学习过程进行持续的评价，不仅评价学生对地理知识的掌握情况，更为重要的是，要对他们日常学习过程中的表现、所取得的成绩以及所反映出来的情感、态度、学习策略等方面的情况进行评价。在地理教学中，教师应强调学生的地理能力、思维能力及交流与合作能力，通过创设良好的环境，为学生提供实践机会，使学生在体验、感知、实践、参与和交流中学习。在教师的引导下，学生通过观察、发现和归纳等方式，形成有效的学习策略，通过讨论、表演、参与地理课外活动等，提高综合能力。

在日常的地理教学活动中，形成性评价总是伴随着教学过程进行的。作为教师，需要关心的问题常常是哪些教学内容是学生已经基本掌握的？哪些教学内容是学生含混不清、尚未掌握的？哪些学生的学习还有困难，需要进行针对性辅导？这样才能准确把握学生学习动态，及时加以指导。例如，让学生上黑板画出"北半球气旋和反气旋的水平气流"，不仅需要评判学生达到何种程度，而且需要根据存在的问题进行适时的指导，即把评价和指导有机地统一起来。因此，形成性评价的结果最好用于衡量每名学生是否达到了教学目标的要求，而不是单纯用于判断某名学生在班集体中的优劣地位。换言之，要从绝对性评价的观点出发进行评价，而不应从相对性评价的观点出发进行评价。

由此可见，形成性评价的功用主要有以下几点。

1.为教师提供教学反馈信息

通过形成性评价，教师可以发现在地理教学目标确定、教学方法和手段使用等各个方面的长处和不足，从而有针对性地提高教学技能，或向学生提供有效的帮助，从中积累经验以改进下一轮教学。比如，学生学习完高中地理有关人口的知识后，教师为了检查学生对人口自然增长率等概念的把握程度，同时考查学生挖掘、分析地理统计图表能力的状况，可以设计一些题目来把握学生的知识与技能状况。

2.强化学生的学习

对已经掌握或基本掌握了单元学习任务的学生来说，形成性评价给他们带来了成功的喜悦，增强了他们学习的信心，从而强化了学习结果和学习动力。

3.帮助学生改进地理学习

对那些没有掌握单元学习任务的学生来说，形成性评价有助于他们及时发现自己在地理学习中产生的问题，自觉地改正错误或寻求必要的帮助。比如，在学生学习完地理环境整体性相关知识后，教师可以设计专题活动任务，让学生探究地理环境的整体性，从而评价学生在地理环境整体性的知识与规律掌握方面存在的问题和不足，帮助学生改进提高。

（三）诊断性评价及其功用

诊断性评价又称准备性评价，是在教育活动开始前或教育活动进行中对学生的学习准备情况或特殊困难进行的评价，是对教学活动的准备。它主要是对教育背景、存在的问题及其原因做出诊断，以便"对症下药"，据此进行教育设计。诊断性评价的实施时间一般在课程、学期、学年开始或教学过程中需要的时候。它涉及的内容主要有教育所面临的问题，学生前一阶段学习中知识储备的数量和质量，学生的性格特征、学习风格、能力倾向及对本学科的态度，学生对学习生活的态度，学生的身体状况及家庭教育情况，等等。诊断性评价的功用主要体现在三个方面：

第一，确定学生的学习准备情况，明确学生发展的起点水平，为教学活动提供设计依据。所谓学习准备，就是指学习者原有的知识水平和心理发展水平对于进行新的学习的适合性。学习是一种连续性活动，后续学习是在学生原有的水平之上进行的。实践证明，学生当前发展的差异多是由前期经验的不同造成的。如果学生能够做好必要的学习准备，就有助于在新的学习活动中取得成功和发展。反之，如果后续教学活动不是基于学生原有水平，与学生的学习准备程度之间的适合度不够，那么，学生在后续学习活动中就难以取得成功和发展。因此，在教学活动进行之前，我们应该诊断学生的学习准备程度，以便于检查我们的教育目标是否定得太高或太低，教育内容选择是否恰当，所选内容是否适合学生的水平及兴趣，为教学活动的开展提供前提和基础。

第二，识别学生的发展差异，适当安置学生。20 世纪 60 年代以来，随着人本化教育思潮的兴起和世界范围内对人的个性、创造性的张扬，分组教学再度被重视。它要求按照学生的潜能、成绩、兴趣等方面的差异进行分组教学，既不失集体教学对学生的积极影响，又有利于教师针对学生的不同特点和不同的学习准备程度采取相应的教学策略。而进行分组的基本前提就是要全面、准确地诊断学生的前期学习准备情况，识别学生的发展差异，尤其要识别那些高于或低于正常水平的学生，以便把他们分置在最有益的教育序列中。

第三，诊断个别学生在发展上的特殊障碍，以作为采取补救措施的依据。这种诊断性评价具有很强的针对性，是针对学生在某方面的学习内容或知能发展上的严重困难，运用某种特殊的评价手段而做的诊断，目的是找出造成严重困难的原因，进而采取相应的补救措施。所以，这种评价既可能发生在某种教育活动之前，又可能发生在教育活动进行过程之中，只要发现有特殊困难的学生，就要有针对性地实施这种评价。

诊断性、形成性、总结性评价三者在功能、特点、实施的时间等方面各有不同，在应用中也应该根据具体评价要求采用不同的评价方法。

三、相对性评价、绝对性评价与个体内差异评价

（一）相对性评价及其应用

相对性评价是在被评对象的集合总体中选取一个或若干个对象作为基准，其余对象与基准进行比较的评价。在相对评价中，个体的评价结果往往依赖其他个体的表现。比如，在地理教学评价中，以一名学生的地理成绩与同一群体的平均成绩或标准样组的成绩（常模）进行比较，从而确定该学生地理成绩的水平或程度，这样的评价就叫作相对性评价。相对性评价又称为常模参照评价或相互参照评价。相对性评价的评价标准在被评价的集体之内，通过与评价标准相互比较，可以确定被评价个体在集体中所处的位置，从而区分优劣。

例如，为了评价学生对中国行政区域的熟练掌握程度，教师要求学生在空白的中国行政区域图上完成拼图游戏，结果该班学生所用时间平均为三分钟，那么，"三分钟完成拼图"就是本次评价的基准，在三分钟内完成拼图的学生即可被认定已达到熟练掌握水平，超过三分钟的学生即可被认定不够标准，有待努力。

又如，有些地区的教研部门为了鼓励青年地理教师努力钻研计算机多媒体技术以提高教学质量，每年组织教师进行计算机多媒体课堂教学大奖赛，请参加比赛的每位教师自选一节课，编制一个地理教学课件，让专家学者来评议，然后通过相互比较做出结论，评出优秀、良好不同等级。

两个案例说明，相对性评价的基本特点是评价对象组成集体的整体状况决定着每个集体成员的水平，标准源于该集体，也仅适用于该集体，标准依集体变化而变化。例如，某学生地理期中考试得了88分，在班上排名第三位，期末考试得了94分，但排名仍然在第三位，那么，对该学生的评价就是班级第三名水平。虽然期末考试比期中考试提高了6分，但由于平均值和

标准差发生了变化，该学生的相对位置没有发生改变，评价也保持不变。再如，某学生在一次地理测验中得了 65 分，在全班的排名是第 20 名，如果该班学生数是 50 人，那么这名学生的成绩就是中上水平；而若该班学生数是 25 名，那么这名学生的成绩就是末流水平。

因此，相对性评价的长处就在于能够将测试成绩的分数作为所属集体中的相对位置准确客观地表示出来，同时完全可以避免由于评价者之间评判标准不同而造成过宽或过严的问题，其客观性强，可以作为分组、编班、择优录取或淘汰、决定人选的标准。每个被评价对象可以从中了解自己在集体中的优劣状况，激发参与竞争的意识。

但相对性评价的缺点也是显而易见的：

第一，相对性评价只限于在被评价对象所组成的集体内部相互之间进行高低、优劣比较，这种比较只表示他在该集体中的相对位置，所以不一定能确切说明被评价对象的实际水平。

第二，相对性评价按"两头小，中间大"的比例固定各等级人数，所以，在一些重点学校或班级里，许多优秀的学生评不上优秀等级，而在一些水平较差的学校或班级里，许多成绩不佳的学生则被排在优等的位置，就像"在矮个里选高个"，选出的"高个"未必是真高，这就容易降低评价标准。所以，相对性评价只能适用于一定的范围（纯随机组成的大集体），超过这个范围，就会缺乏客观性和公正性。

第三，由于相对性评价按一定比例名额将被评价对象分等，容易造成被评价对象之间过于激烈的"病态竞争"。特别是在学生学业评价时，如果不能适当顾及差生的现实水平和努力状况，就容易使他们产生消极心理，从而给教学带来负面影响。

（二）绝对性评价及其应用

绝对性评价也称为目标参照性评价。绝对性评价是将被评价对象与被评价对象集合外的客观标准进行比较以判断达标程度的评价。绝对性评价的评价标准在被评价集体之外，是预先制定的，通过与评价标准相比较，可以确定被评价对象达到目标的程度。绝对性评价主要用于合格性和达标性活动。其特点是评价标准是由目标决定的绝对标准，并且是在评价之前就已确定，不受评价对象群体状况的影响。评价时，个体只与标准相比较，不进行相互比较。因此，评价结果的优劣只与对象自身的水平有关，而与其所处的群体的状态水平无关。关于评价结果，其得分的分布情况事先不做硬性规定，不要求必须分出上、中、下的等第，而是希望达标者越多越好。

例如，高中地理评价以地理课程标准为评价标准，这一标准不因学校教学水平的高低而变化，是相对固定的。它所关心的是试题是否在数量上、质量上与所要测试的内容和范围保持一致，即是否能正确地反映高中地理课程标准的客观要求，而不是试题的难度和区分度。高考成绩反映的是学生掌握课程标准要求的程度，即学习高中地理实际达到的程度。所以，高中地理的高考也属于绝对性评价。

绝对性评价特别适用于以鉴定资格和水平为宗旨的教学评价活动。它的优点是可以使每个被评价对象都能了解自己知识、能力、技能与技巧的实际水平，明确与客观标准的具体差距，激发被评价者努力上进的积极性。

（三）个体内差异评价及其应用

个体内差异的评价是将被评价对象集合总体中的各个个体的过去和现在，或者某个个体的若干个侧面进行比较的评价。个体内差异评价以评价对象的自身状况为基准，对评价对象自身有关要素进行比较，从而得出结论。这里有两种情形：一种是对被评价个体的过去与现在进行比较。例如，某学生地理期中测验成绩为 65 分，期末测验成绩为 85 分，说明该生地理学习成绩进步了。另一种是对被评价个体的有关侧面进行相互比较，考查其强项与弱项。例如，某学生高中课程自然地理部分学习成绩较好，而人文地理部分学习成绩较差。我们知道，相对性评价与绝对性评价的评价标准虽然在设立时的观察点不同，前一个在被评价群体之内，后一个在被评价群体之外，但是，从全体被评价对象来看，标准是统一的，而个体内差异评价，用作比较的参照点就是被评价对象本身。因此，个体内差异评价的突出特点是其参照标准从总体上说是不一致的，各个个体有各自的标准；但从个体角度分析又是相对固定的，总是在与自身进行比较。

个体内差异评价是随着强调个别指导的教学思想发展起来的，它从被评价对象的实际出发，判断、鉴定其发展状况和进步状况，能够使教师具体掌握学生学习的变化趋势和整体轮廓，并较充分地照顾个体的差异，不会给学生造成很大的压力，使学生动态地了解自己学习的发展情况。个体的各侧面比较则可使学生了解自己哪方面有优势、哪方面存在劣势，以便自我调节，从而发展学生的自我意识。因此，个体内差异评价体现了尊重个性、因材施教的教学原则。在学生地理学业评价中，个体内差异评价可以作为改变差生的有效措施。

新课标指导下的评价改革承认并尊重人与人之间的差异，关注学生个体内发展变化的轨迹，从对学生个体内差异的分析中去发掘适合个人发展的教学与评价方法。

例如，针对全球变暖有哪些危害这个问题的研究性学习，学生可能会从多个角度开展研究，制作作品并进行展示，尽管学生研究的侧重点会有不同，但都是他们积极思维的成果。因此，评价与指导过程要以表扬为主，淡化学生之间的评比。同时，评价与指导提倡学生与课程目标比较，找出进步与不足，激励学生向更高目标迈进。另外，平时上课不积极思考的学生在教师和其他同学的帮助下完成一个非常成功的作品，能够全面且详细地阐述全球变暖的危害之广、之多、之大，用较多的实例、数据与图片来论证自己的观点。教师要用发展的评价眼光来鼓励学生，让学生能够感受到自己的成绩，学生就有可能获得意想不到的进步。

因此，教师应采用个体内差异评价，尊重学生的个体差异，注重对个体发展独特性的认可，通过给予学生全方位的积极评价，发挥学生多方面的潜能，帮助学生接纳自我，拥有自信。美国课程理论家斯塔弗尔比姆认为："评价最主要的意图不是为了证明，而是为了改进。"① 因此，教师要真正关注学生的终身发展，引导学生"学会"，更要使学生"会学"，最大限度地开发学生成长的潜力和可能实现的新发展，充分尊重学生的个别差异和个性特点，允许学生依照自己的兴趣和特长选择不同形式或内容的发展道路，而不是拿固定死板的一把"尺子"去衡量所有学生。

---

① 孙宜好 . 追求有效教学提高课堂教学质量 [J]. 华人时刊（校长）,2013(6):81-82.

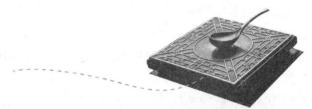

第六章　新课标下的高中地理教师评价

高中地理新课标要求：提高地理教师对课程的理解与认识水平，以保证课程实施的方向与质量。在深化课程改革、落实立德树人根本任务的大背景下，新课标对地理教师的师德、专业素养、教学能力提出了更高的要求。因此，重视对高中地理教师的评价，以满足新课标与课程改革的需求显得尤为重要。

第一节　教师评价简述

一、教师评价的定义与功能

（一）教师评价的定义

所谓教师评价，就是通过对教师素质及其在教育教学工作中的行为表现状况的测量，评判教师的素质水平和教育教学效果，并为进一步提高教师的素质水平和教育教学效果提供切实可行的建议。

上述定义强调了以下两点。

（1）教师评价的对象包括两个方面：一是教师的个人素质，二是教师在教育教学活动中的行为表现。

实际的教师评价不能忽视或过分偏向任何一个方面。教师素质是教师开展有效教育教学的基础。如果一位教师在教育教学实践中有比较突出的行为表现，则可以说明该教师在工作中做出了比较大的努力。但如果一位教师的基本素质很好，也并不能表明他一定会有非常好的教育教学效果。素质只是行为表现的基础，而好的行为表现才是教育教学工作所要求的结果。所以，教师评价必须既强调教师素质方面的基础，又重视教师教育教学工作的实际效果。

（2）教师评价的基础是测量，在测量的基础上进行评判，评判的目的是为教师提供改进意见和建议。

测量就是采用科学方法对评价对象进行信息的收集、整理和分析，并提供客观的结果；评判则是以测量提供的客观结果为依据。评判的目的并不是在教师与教师之间进行比较，而是要为教师素质及其教育教学水平的提高提供建设性的意见。显然，教师评价不同于过去大家所经常遇到的教师考核或者教师评比等情况。教师评价的最终目的是教师的发展，即为教师素质的提高和教育教学工作的改进提供建议。奖励或者处罚教师，不是教师评价的根本目的，也不是主要目的。

（二）教师评价的功能

1.管理功能

管理既是评价的目的，又是评价的功能。教师评价的过程也是管理过程，在管理过程中同样需要评价。教师评价的管理功能是凌驾于其他功能之上的，而其他功能是服务于管理功能的。科学的教师评价机制是学校实现师资队伍管理科学化、提高教育教学质量的有力保障。

2.判断功能。

教师评价就是要对教师工作的价值做出判断。具体来说，就是要对评价客体的状态和结果进行判断。科学的教师评价机制是对教师教学行为、状态、结果做出价值判断的重要依据。评价要注意地区差异，具有灵活性；依据教育者和教育对象的特点和差异进行评价，注意类别和层次，从实际出发，具有针对性。

3.导向功能

教师评价的导向功能基于教育价值取向的主导价值观。要建立科学的教师评价机制，并实现其积极的导向功能，必须注意强调面向未来，而不是面向过去。教师评价以教师发展为主要目的，而不是以奖惩为目的，最终目标是充分调动教师的积极性，为教师指明努力的方向。实施确定评价目标、评价标准、评价程序、评价方法，撰写评价结论，确定评价者资格等环节，要符合教师工作的特点，最大限度地发挥教师评价的导向功能。

4. 激励功能

教师评价引发的心理效应通常有两种：一种是正效应，即积极作用；另一种是负效应，即消极作用。发挥教师评价的激励功能，就是要强化正效应，同时尽量促使负效应向正效应转化，至少要降低其消极影响。教师评价关键是要从实际出发，在保证评价结果的客观公正的基础上，尽可能采取鼓励性评价。

5. 调控功能

教师评价的目的不仅是得到结论，更重要的是通过评价的过程和结论，获取可靠的反馈信息，对教师的教学工作进行适时的、有效的调控。教师评价的调控功能贯穿评价过程的每一个环节。从这个意义上讲，过程性评价往往比终结性评价更为重要。结论不是教师评价的归宿，而是被评价教师后继工作的起点。

6. 改进功能

发挥教师评价的判断功能、导向功能和激励功能，目的就是帮助教师改进工作，提高教育教学质量，满足受教育者和社会发展的需要。改进是教师评价的一个重要功能。评价工作只有加强针对性，着眼于解决问题，才能更好地发挥教师评价的改进功能，达到评价的目的。

二、教师评价的基本理念

（一）强调教师评价的真实性

教育发展，教师是根本。在推进课程改革的进程中，教师作用的发挥越来越明显。没有教师的生命质量的提升，就很难有高的教育质量；没有教师精神的解放，就很难有学生精神的解放；没有教师的主动发展，就很难有学生的主动发展；没有教师的教育创造，就很难有学生的创造精神。只有当教育者自觉地完善自己时，他才能更有利于学生的完善与发展。因此，教师评价要体现以人为本的思想，强调教师评价的真实性，把教师工作与教师专业发展以及教师生命价值的体现紧密结合在一起，教师的发展才会真正具有动力。

（二）实施教师评价的多元体系

促进教师发展必须树立多元的评价观，强调评价主体的多元化，实施以教师的自评为主，学生、同事、领导、家长和社会共同参与的多主体评价，畅通多方面信息反馈的渠道，使评价成为管理者、教师、学生和家长共同积极参与的交互活动。在这个基础上，教师评价重视评价内容、评价标准、评价方法的多样性，基于教师专业发展的态度、知识、能力以及教育教学的目标、内容、方法与效果等方面，设定多元的评价标准，采用多元的评价方法，全面、客观、准确地评价教师，以此促进教师专业成长。

（三）体现教师评价的主体参与

教师评价应该强调教师本人的主体参与，让教师知晓评价的标准、参与评价的过程、了解评价的结果。在评价过程中，评价者和被评价者是一个互动沟通的过程，是一个分析、探索的过程，是一个交流、调整的过程。评价的过程更是教师不断反思与总结的过程，充分体现了教师专业发展评价的自主性、参与性，让教师在动态发展中实现自己的专业发展目标。

三、影响教师评价的因素

能否客观地、全面地、准确地进行教师评价，对于教师改进教学方法、提高教学效果有很大影响。因此，我们有必要研究影响教师评价的因素，以减少评价的主观性和随意性，增强评价的客观性和可靠性。这里分析几个影响教师评价的重要因素。

（一）评价人员

评价人员是教师评价的执行者，评价人员能否按照评价原则科学地、客观地进行教师评价，是影响教师评价的最主要因素。因此，评价人员必须注意以下几点。

1.评价人员必须按照评价的目的确定恰当的评价内容

每位评价人员的价值观不同，对教师评价的目的就有不同的理解，对评价的内容也就有不同的看法。有的评价人员认为教师的政治思想品德不应该成为教师评价的重点，教师的教学能力和教学成绩才是评价的重心；而有的评价人员则认为教师的政治思想品德反映了教师工作的性质和方向，教师的政治思想品德理应成为评价的一个不可或缺的部分。可见，对评价目的的理解不同会导致评价的内容不同，这对评价的过程及其结果产生不同的影响。评价人员必须正确而全面地理解评价的目的，以确定恰当而合理的评价内容。

2.教师评价的标准或者指标体系的制定不受评价人员的心理因素的影响

在评价标准和指标体系的设计与编制过程中，编制者的心理容易产生一系列的矛盾和冲突。例如，个人经验与文件要求或他人经验的矛盾，偏于文件要求与偏于当地的教师实际情况的矛盾，不同意见和反馈信息与编制意图的矛盾，等等。在这些方面，编制者的个人经验、气质性格、情绪状态、意志品质、道德水准等都可能对教师评价产生积极或者消极的影响。例如，意志薄弱者在本来正确的情况下，可能受到暗示而轻率地修改正确的文件；反之，则有可能固执己见，排斥异议，一意孤行。为此，评价人员在教师评价标准或者指标体系的制定过程中，必须保持平常、平静和平稳的心态，以使评价朝着一种自然、客观和科学的方向进行。

3.评价人员在评价信息与资料的收集和分析过程中，要排除个人主观意识的影响

评价人员对信息和资料的收集，在不经意之中往往会按照个人的主观意识进行，从而使收集的资料或数据发生偏差，以致影响到评价的客观性、可靠性。评价人员在收集有关教师工作的信息资料时，往往还会受到个人印象的影响。例如，评价人员如果对某一教师的某一方面有非常清晰、明显的知觉和印象，就有可能掩盖他对该教师其他方面的印象，进而妨碍他对该教师工作的全面了解。此外，在某个较高"形象"的参照下，其他教师的工作便有黯然失色之感；相反，在某个较低"形象"的参照下，其他教师的工作会被反衬得熠熠生辉。在这种情况下，评价人员的评分或评语就有高低或褒贬之别。评价人员习惯于把被评价教师纳入主观固有的某种类型、模式之中，或者不管被评价教师的实际情况和他们之间的差异，把被评价教师归属于主观概括化的某种类型之中。所以，评价人员在收集和分析评价资料的过程中，必须有意识地克服主观因素的影响，坚持评价的客观性和原则的前后统一性。

（二）被评价教师

被评价教师在评价过程中所产生的心理及行为，会影响评价中的人际关

系和评价活动本身，进而影响教师评价的客观性、可靠性。对此，我们必须注意以下几点。

1.预防对评价工作产生敷衍了事的态度和做法

由于被评价教师对评价活动认识不足，或者评价者没有将评价的意义予以充分说明，在教师评价中常常会发生被评价教师敷衍了事的现象。一方面，如果被评价教师对评价人员所提的要求推三阻四，不与评价人员积极合作，会严重影响评价工作，如评价人员无法收集到全面而客观的评价资料，难以产生可靠的评价结果和评价结论；另一方面，如果被评价教师对评价人员采取曲意逢迎、奉承讨好的做法，表面上是积极主动，有求必应，好像是配合评价工作，使之顺利进行，实际上却同样妨碍了评价工作的正常开展。阿谀奉承不仅会使评价人员心理麻醉，失去防卫，原则瓦解，标准崩溃，还会使评价人员受到情绪感染，发生移情，被诱导进入正面肯定的心理状态，导致偏向性的肯定。所以，在评价过程中，被评价教师要有正确的态度。

2.努力在评价过程中保持与往常相同的心态和行为表现

在教师评价中，许多被评价教师常将评价的结果和结论看得过重并将它们与自己的职位晋升或工作变动联系在一起，而没有将评价理解成自己专业发展的一个参考，因而在评价过程中往往会产生紧张、害怕和受威胁的心理，并可能导致某些行为失调，这样就会影响教师评价工作的开展。例如，在评价教师的授课能力时，有的教师表现出心跳加快、惊慌失措、思路不清等情况，体现不出原有的教学能力。所以，教师评价必须力求在一种自然的状态下进行，尤其是被评价教师要用一种自然的心态和表现接受评价，这样才能使评价取得最科学的结果和结论。

第二节　高中地理教师评价的原则与内容

一、高中地理教师评价的基本原则

在新课标的指导下，正确贯彻各项原则，不仅有利于端正主评、被评人员的态度，克服主观性、片面性、随意性，提高评价的信度和效度，还有利于加强评价的规范化、科学化、有序化的程度，增强评价的客观性、准确性。高中地理教师评价属于教育评价的范畴，除具备教师评价的科学性、导向性、客观性、教育性、可行性、量质性、民主性、改进性等原则外，也有几条自己的独特性原则。

（一）发展性原则

高中地理教师评价需将立足点放在教师的未来发展上，而不是通过鉴定选择续解聘、升降级、加减薪等奖惩性上。教师评价的根本目的已不再是奖惩教师，而是促进教师和学校未来的发展，教师评价结果要与教师的奖惩严格分隔开来。

（二）方向性原则

方向性原则指对高中地理教师的评价一定要有利于高中地理教学目标的实现，有利于学校端正办学方向，有利于高中地理教师树立正确的教育质量观、人才观。如果方向不明确，教师评价就会走上歧途，同时会给学校贯彻教育方针带来消极影响。在评价中，我们必须对每位教师的情感、态度教书育人和教学的能力、工作效绩以及价值观做出公正、准确而又全面的价值判断，充分发挥评价的导向作用。

（三）系统性原则

系统性原则即全员评价、全程评价和全面评价。全员评价是指面向所有的地理教师，而不是面向少数优秀教师或少数不称职教师；全程评价是指用动态的、发展的眼光，对教师工作全过程的各个环节进行系统的、长期的、反复的评价；全面评价是指要对教师的素质、职责和绩效，在全面掌握信息的基础上进行全方位的评价。

（四）客观性原则

客观性原则即科学性原则，就是在教师评价时，评价人员必须采取客观的、实事求是的态度，从客观实际出发，获取真实信息，抓住本质的东西进行分析。教师所从事的是以脑力劳动为主的、既劳心又劳力的特殊的复杂劳动。这种劳动的复杂性表现为劳动对象的复杂性、劳动过程的复杂性、劳动成果的复杂性。此外，教师的劳动又富有创造性，教育工作又有周期长、教育效果滞后的特点。这些在评价教师时均应给予充分考虑，这样才能使评价更符合客观实际。

（五）主体性原则

主体性原则是指明确被评价者在评价中的地位和作用。长期以来，人们一提评价，就是上级对下级、领导对教师或是教师对学生的评价、考核，因而视被评价者为客体。这种认识是不全面的，从实践的效果及发展的趋势来看，强调自我评价，强调被评价者的主体性，使其处于主动的地位，产生积极参与的意识，既能使评价产生更加积极的效果，又能使主体性原则得到具体体现。在对高中地理教师的评价中，教师既是评价的客体，又是评价的主体。因此，地理教师评价要尊重教师在评价中的主体地位，充分调动每位教师的主动性、积极性、自觉性。这样才能使评价的过程真正成为教师自我认识、自我分析、自我改进、自我完善和自我教育的过程，使教师评价工作达到预期的目的。

（六）可行性原则

可行性原则是指评价的指标、标准可行，评价的方法及运用的技术手段可行，工作安排可行。指标和标准要切实注意从实际出发，防止要求过高或过低。方法和技术手段既要注意科学性，又要注意简便易行。评价的指标和标准不可生搬硬套，一定要结合本学校的实际，并且一定要取得教师的认同；不要形成对教师的评价是领导强加给教师的认识，这不利于发挥教师在评价中的主体作用。采用的评价方法和技术手段也要让教师心中清楚，让教师懂得为什么要采用这种方法和技术手段，即让教师在参与评价的过程中学习一些有关教育评价的理论和知识。

（七）定性与定量相结合的原则

在对高中地理教师的工作进行评价时，这条原则尤为重要。有些评价要素的标准可以量化，就要采用定量分析。因为这种分析能比较准确地反映客观实际，防止主观性。但是在评价教育活动的质量和效益时，采用定量的方法就很困难了，特别是关系到人的思想、情感、意志等具有模糊性的事物时，强求用精确的数字去表示本身是模糊性质的事物，不仅不客观，还不科学。因此，进行教师评价必须遵从定性与定量相结合的原则。

二、高中地理教师评价的内容

新课标对高中地理教师素质的要求是非常丰富的，所以对高中地理教师的评价内容也是非常丰富的，包括对教师专业知识、专业能力以及师德素养等方面的评价，进一步来说，涵盖对教师教学目标制定的评价、对教师教材处理的评价、对教师教学过程的评价、对教师教学方法运用的评价、对教师教学语言的评价、对教师教学态度的评价、对教师教学时效性的评价、对教师师德的评价等。上述内容构成了新课标要求下高中地理教师评价的内容体系。

（一）对教师教学目标制定的评价

教学目标是教学的出发点和归宿，它的正确制定和达成是衡量一堂课好坏的主要尺度。对教师教学目标制定的评价包括以下两方面。

1.教学目标是否具有动机功能，调控功能和评价功能

教学目标可以使学生明确学习的要求和应该努力的方向，明确的教学目标可以引发学生探索新知识的欲望，引起学习兴趣，从而调动学生学习的积极性和主动性，使学生积极参与地理教学活动。这就是教学目标的动机功能。教学目标作为学生行为变化的预期结果，对教师"教"的活动和学生"学"的活动都起着指向性的作用。教师可以根据教学目标的要求随时检查各项目标是否已完成，并进行调控。教学目标作为预先规定的课堂教学结果，自然成为衡量课堂教学是否达到预期目标的尺度和课堂教学效果的评价标准。

2.教学目标的内容是否全面

教学目标由三个方面的内容组成，即"知识与技能""过程与方法"和"情感、态度与价值观"。"知识技能"是指学生掌握的基础知识和基本技能。"过程与方法"是指学生学习过程与方法、思维过程与方法、探究过程与方法以及解决问题的过程与方法。"情感、态度与价值观"包括对自己、对他人、对国家、对世界、对自然及其相互关系的情感、态度、价值判断以及科学态度、科学精神、好奇心、兴趣等，"情感、态度与价值观"目标要

求学生学习后在情感与态度方面应达到三个层次的水准：接受或感受、反应或认同、领悟或感悟。教学目标内容是否全面，是评价教师教学目标制定的一个重要指标。

（二）对教师教材处理的评价

教材作为教师教学的重要工具，教师对教材处理的情况在很大程度上影响着教学的效果，所以对教师教材处理情况的评价也是教师评价的内容之一。

1.内容安排是否合理

内容安排的合理体现在内容的系统性、有序性，注重逻辑性和科学性，利于学生接受、理解和探究等方面。

2.内容是否重点突出、难点突破

分析教材的重点、难点，对于教学目标的设计、教学方法和媒体选择、教学过程的把握、重点难点的突破、教学目标的实现具有重要作用。教材的重点是指与教学目标关系密切的教学内容。教材难点是学生学习过程中可能存在学习阻碍的知识点。每一章或节都有重点，每个课题都有重点。对于不同的课题，有时候教材的重点和难点是重合的关系，有时候是分散的关系，也有的课题只有重点没有难点。实际上，同一个难点对于不同的学生而言，存在的难度也有可能是不同的，这就要求教师针对学生的学情具体分析。

3.是否对教材进行适当拓展

教授一个学科的知识，不仅要全面讲解教材已有的知识，还需要选择在适当的时候、适当的知识点补充一些与该知识点相关的背景材料，并结合当地的情况补充一些地方性的知识来帮助学生深刻理解教材中的知识点。拓展教材内容是为了更好地开发课程资源。拓展方向包括知识内容拓展、能力培养拓展和情意发展拓展三个方面。

（三）对教师教学过程的评价

教学目标要在教学过程中完成，教学目标能不能实现或实现的效果如何要看教师教学过程的设计和运作。因此，就需要对教学过程做出评价。教学过程评价包括教学思路设计和课堂结构安排两个方面。

1.评价教学思路设计

教学思路是教师上课的脉络和主线，它是根据教学内容和学生水平两个方面的实际情况设计出来的。它反映一系列教学措施怎样编排组合、怎样衔接过渡、怎样安排详略、怎样安排讲练等。教师课堂上的教学思路设计是多种多样的。因此，我们评价教学思路，一是看教学思路设计符不符合教学内容实际；二要看教学思路设计是不是有一定的独创性，能不能给学生以新鲜的感受；三要看教学思路的层次、脉络是不是清晰；四要看教师在课堂上教学思路实际运用的效果。平时我们听课，有时错觉有些教师课上不好、效率低，很大程度上就是教学思路不清或教学思路不符合教学内容实际和学生实际造成的。所以，对教学思路的评价必不可少。

2. 评价课堂结构安排

教学思路与课堂结构既有区别又有联系，教学思路是注重教材处理，反映纵向教学脉络；课堂结构则侧重教法设计，反映教学横向的层次和环节。课堂结构是指一节课教学过程的各部分的确立和它们之间的联系、顺序和时间分配。课堂结构也称教学环节或步骤，课堂结构不同，也会产生不同的课堂效果。可见，课堂结构设计是十分重要的。通常，一节好课的结构是严谨、环环相扣、过渡自然，时间分配是合理的。

（四）对教师教学方法运用的评价

评价教师教学方法、教学手段的选择和运用，是对教师评价的又一重要内容。所谓教学方法，就是教师在教学过程中为了完成教学任务所采用的工作方式和学生在教师指导下的学习方式。但它不是教师孤立的单一活动方式，它包括教师"教学活动方式"，还包括学生在教师指导下"学"的方式，是"教"的方法与"学"的方法的统一。评价教学方法与手段，包括以下几个主要内容。

1. 地理教学方法是否具有实践性

研究地理教学方法的目的在于运用，离开了地理教学实践，为方法而方法的"纸上谈兵"，就成了无本之木、无源之水。所以，地理教学评价既要注意地理教学方法的理论性，又要注意地理教学方法的实践性。

2. 地理教学方法是否量体裁衣，灵活运用

教学有法，但无定法，贵在得法。教学是一种复杂多变的系统工程，不可能有固定不变的万能方法。一种好的教学方法总是相对而言的，它总是随课程、学生、教师自身特点而相应变化的。也就是说，教学方法的选择要量

体裁衣，灵活运用。

3.地理教学方法是否具有多样性

教学方法最忌单调死板，再好的方法天天照搬也会令人生厌。教学活动的复杂性决定了教学方法的多样性。所以，地理教学方法评价既要看教师是否能够面向实际，恰当地选择教学方法，又要看教师能否在教学方法多样化上下一番功夫，使课堂教学常教常新，富有艺术性。

4.地理教学方法是否有改革与创新

评价教师的教学方法既要评常规，又要看改革与创新，尤其是评价一些综合素养好的骨干教师的课，还要看课堂上的思维训练的设计，要看创新能力的培养，要看主体活动的发挥，要看新的课堂教学模式的构建，要看教学艺术风格的形成等。

（五）对教师教学语言的评价

教学语言一定要用标准的普通话。除了普通话这一硬性标准外，教学语言的评价还可以从如下几点入手。

1.语言要生动、形象，讲究趣味性

由于外在因素或个体的自身原因，学生在学习过程中会遇到这样或那样的思维障碍，影响对知识的理解和记忆。形象、生动的教学语言可以克服这一点。比如，教学语言要有形象生动的比喻，有声有色的比拟以及生动有力的数据，等等。

2.语言要严谨、准确，讲究科学性

教师在传授知识的过程中，教学语言不仅要有趣味性，还要有科学性。如果教学中指鹿为马，把错误的知识传授给学生，就会影响教学质量，误人子弟。因此，教师要吃透教材，在课堂教学语言的科学性上下功夫。

3.运用设疑、提问，讲究语言的启发性

学贵于思，思源于疑。疑最容易引起探究思维活动，因为思维活动往往是从疑问开始的。有疑才有问，有问才有究，有究才能知其理。教师在课堂教学中应设计具有启发学生思想的问题，诱发学生探究。

（六）对教师教态的评价

教态是指教师上课时出现在学生面前的整体形象，它的一个重要特点是综合性。教态主要包括面部表情（其中主要是眼神）、手势和身体姿势三项。教态不仅指教师在教学过程中运用的一些动作、姿势，还是一项特殊的艺术——非语言的教学艺术。教态的另一个特点是辅助性，尽管没有语言配合也能起到某种作用，但在多数情况下是辅助语言讲授的，使语言讲授因之而变得丰富、生动起来。

教师走进教室上课，究竟应以怎样的教态出现在学生面前呢？这的确是一个值得认真思考的问题。教师站在讲台前，如果不是用亲切和蔼的目光去关注学生，而是眼睛朝上，盯着"天花板"，或者只顾看备课笔记；不是精神抖擞，而是萎靡不振，那么无论如何都不能吸引学生的注意，使他们对学习活动产生浓厚的兴趣；而教师如果以良好的教态出现在学生面前，便会使学生受到鼓舞，对学生学习活动的顺利进行起到积极的促进作用。具体说来，良好的教态对学生的学习活动至少能起到以下三个作用：①能使学生集中注意力。教师在讲课时充满自信、富有激情同时辅以适当的手势，学生是很容易被教师吸引住的。此时，无须教师督促，他们会十分自觉、十分专注地听教师的讲解。②能提高学生的学习兴趣。教师讲课时用亲切、和蔼的目光关注学生，即使在学生一时回答不出教师提出的问题时也不流露出失望的神色，而仍是面带微笑地期待，那么学生对学习活动的兴趣会不断增强。③能营造良好的教学氛围。教师对学生尊重、信任、鼓励的面部表情，结合教学内容，辅以具有鼓舞力量的手势和能使学生获得信心和力量的站点和行走的姿势，能为营造良好的教学氛围提供极其有利的条件，学生在这样的教学环境中学习，效果当然会十分理想。

对教师教态的评价，通常从以下两方面考虑。

1.教师要穿着入时，打扮得体，精神抖擞

教师的为人师表，不仅表现在思想品德方面，还体现在服饰上。富有经验的教师，上课之前都要精心"塑造"一下自己的形象，面对穿衣镜检查，服饰穿着是否合适，头发是否自然。男教师的胡须最好天天刮，做到服饰整洁朴实，端庄大方，神态从容，胸有成竹，精神抖擞，给学生以美的外观形象。这样良好的开端，能为教育教学的成功做好铺垫。

2.教师要注重身体语言在教学中的作用

身体语言的动态表现主要是指教师以自己的身体的各种动作或姿态来表达自己对周围各种事物和人的思想感情。在课堂教学中，教师要善于运用优美的手势、协调的动作引导学生进入角色、融入意境，充分启发学生积极思维，调动学生的主动性。教师一个优美的手势、动作让学生永远难忘，必然有助于课堂教学。教师除用手势、动作以外，还要善于用眼睛。用眼睛"传神"，用眼睛"说话"，用眼睛"解惑"。

（七）对教师教学时效性的评价

分析一节课，既要分析教学过程和教学方法，又要分析教学结果。课堂教学的实效性是评价一堂课好坏的重要依据。

教学实效性的评价内容从教师的角度来说，主要看是否按时完成教学任务、实现教学目标，以及教学设计和内容分量是否恰当等。从学生的角度来说，要看学生通过努力是否达到了教学目标，学习能力是否得到了发展，学习主动性是否增强；要看学生动脑、动口、动手的情况，学生的学习兴趣和思维活跃状态，学生在掌握知识和方法、养成行为习惯等方面所取得的进步。具体而言，对教师教学时效性的评价应关注以下几点。

1.学生受益面要广

这一点主要考查学生上一节课学习情况，即学生进入教室之前和出去的时候是不是有所不同。具体要看学生在课堂上是否学到了知识，锻炼了能力；学生在教学过程中有没有良好的、积极的情感体验，学生能否主动地投入到学习中去，产生更进一步学习的强烈愿望；教师是否能面向全体学生，使所有学生都有不同程度、不同方面的收获，使不同程度的学生在原有基础上都有所进步；等等。

有实效的课堂教学能有效利用几十分钟，使学生学得轻松愉快，积极性得到提高，问题当堂解决，学生的负担合理。在这样的课堂里，学生思维活跃，气氛热烈。

2.教学目标的达成度要高

衡量教学实效的基本指标应该是教学目标的达成度。一节课的教学目标达成度高，这节课的教学效果就是好的，反之则是较差的。在目标达成方面，评价要看教学目标是不是明确地体现在每一个教学环节中，教学手段是否都紧密地围绕目标，为实现目标服务；要看教师在课堂上是否尽快地引出重点内容，重点内容的教学时间是否得到保障，重点知识和技能是否得到有效的巩固和强化。

知识与技能作为学生学习的间接经验，是生成性的培养目标，它们的形成过程一般伴随着教学的过程。一堂课应该让学生学会的知识与技能，这堂课上完后学生就应该掌握，可以通过即时测验检查学生的实际掌握情况，从而反映这堂课的效果。

过程和方法对应的能力以及情感、态度与价值观作为学生的直接经验，则是长周期的培养目标，需要在每堂课上都加以关注与渗透，让学生有所感知与体验，这些经验只有积累到一定程度才会使学生产生感悟，成为他们自己体验的一部分。因此，对过程与方法，情感、态度与价值观方面的目标，只能观察教师在课堂中有没有渗透，有没有体现，而不能考查学生有没有收获与变化。

（八）对教师师德的评价

教师师德评价的内容，是在具备公民基本道德的基础上，对教师的本职工作发挥主体性，并能够体现出教师职业的特殊性，表现出教师专业道德特征的内容。对教师师德的评价大体上包括三个方面。

1. 职业纪律

职业纪律即严格遵守各类教育法律法规和准则，如爱国守法：热爱祖国，热爱人民，拥护中国共产党领导，拥护社会主义；全面贯彻国家教育方针，自觉遵守教育法律法规，依法履行教师职责权利；不得有违背党和国家方针政策的言行。

2. 职业责任

职业责任即明确教师职业应该享有的权利和应该履行的职责，如教书育人：遵循教育规律，实施素质教育，循循善诱，诲人不倦，因材施教；培养学生良好品行，激发学生创新精神，促进学生全面发展；不以分数作为评价学生的唯一标准。

3. 职业态度

职业态度即在教师职业生涯中表现出来的积极的行为，如为人师表：坚守高尚情操，知荣明耻，严于律己，以身作则；衣着得体，语言规范，举止文明；关心集体，团结协作，尊重同事，尊重家长；作风正派，廉洁奉公；自觉抵制有偿家教，不利用职务之便谋取私利。再如，终身学习：崇尚科学精神，树立终身学习理念，拓宽知识视野，更新知识结构；潜心钻研业务，勇于探索创新，不断提高专业素养和教育教学水平。

第三节　高中地理教师评价的实施

一、高中地理教师评价的实施步骤

教师评价是一项复杂的工作，要使评价结果可靠有效，就必须使评价过程成为有序的过程。高中地理教师评价的程序与其他教育评价相同，大致有以下步骤。

（一）明确评价目的和要求，制定评价方案

一般来说，教师评价是根据一定的目的和要求对教师的素质和教育教学行为进行评价，但每项具体的教师评价活动都有其具体而特定的评价目的和要求，必须针对具体的评价对象和具体的评价要求制定具体的评价方案。

例如，对新任的高中地理教师的评价与对骨干教师的评价，就是两种有着显著区别的教师评价活动。对新任教师的评价可能更多地侧重对新教师基本素质修养的要求，重点是衡量新教师从事教育教学活动的基本能力是否合格；而对骨干教师的评价则会更多地关注这些教师在教育教学工作中的创造性、示范性和典型性等方面的能力体现，重点评价这些教师在学校教育教学实践中是否起到骨干作用。显然，这两种评价活动的方案设计是不完全一样的。

所以，明确教师评价的目的和要求，对评价方案制定者和评价者来说，是一件非常重要的事情，它直接影响着评价工作的进行。如果评价的目的和要求不明确，不仅会使评价方向模糊，还会使评价的标准难以确定，评价的组织形式无法选择，导致评价工作事倍功半，不能发挥应有的作用。

评价目的要求明确后，就要着手制定评价方案，一般要考虑以下几点。

（1）评价的具体目的是什么？

（2）评价的对象是谁？

（3）评价的主要组织者与参评人员是谁？

（4）评价将按怎样的步骤进行？

（5）评价将采用哪些方法？

（6）评价的结果将用于什么方面？

总之，设计一个比较完整而科学的评价方案，将是评价活动取得成功的重要保证。

需要说明的是，方案制定者在制定评价方案时，有时需要制定评价指标体系。所谓指标体系就是将目标进行分类与细化。制定教师评价指标体系必须以评价的目的和要求为依据，在此基础上明确哪些方面和要素应列入评价范围，哪些因素和方面是主要的，从而使评价指标体系成为评价目的的具体化。指标体系确定后，还要对每个指标的重要程度给予规定，即确定相当于指标体系的权重和规定相应的量化方法。一般而言，指标体系的权重不仅表示出它们在指标体系中的地位，还表示出各指标间的关系。评价结果的科学性在很大程度上要受到指标体系权集的影响，因此确定科学的指标体系的权集是一项重要的工作。评价指标体系一般包括三级指标，同级指标之间既互不重叠，又不能存在因果关系。

（二）实施评价活动

实施评价活动就是按照评价方案收集评价资料和开展评价工作。在评价方案的指导下，按计划实施评价活动是教师评价工作中的重要一步。严格依照原定的计划、目的实施评价活动，将有助于克服评价实施中常见的几种现象：第一种是评价工作的盲目性，即目的不明，先后无序，轻重不分；第二种是评价工作的片面性，即没有总体打算和全面安排，顾此失彼，造成评价工作紊乱，效率降低；第三种是评价工作的主观随意性，即评价者不按预定的目标或指标，而是以个人意愿评价教学工作，或者产生随大流、人云亦云的现象。所以，教师评价工作必须加强计划性，按计划实施评价。

有计划地实施教师评价活动，有一点非常重要，也是过去所忽视的，即实施对象评价的第一步是开展评价宣传。也就是说，要对评价对象进行有关评价活动的宣传和动员，将本次评价的目的和要求告知评价对象，使评价对象理解评价的意义，并消除他们的紧张心理、恐惧心态和害怕情绪。这种评价宣传和动员还有助于评价人员与被评价人员之间的沟通，使被评价的教师能积极地参与评价工作，包括配合评价人员开展工作，为评价人员提供充分的资料和对评价结果的分析发表合理的建议等。

在实施评价的过程中，评价人员还要注意对评价的方案进行适当的调整和修改，使评价活动朝着最有效的方向前进。评价方案的设计是从比较理想的角度出发的，但在实际的评价过程中，可能会出现一些原先没有预料到的现象和问题，这时，评价人员就要对评价设计进行反思，并对以后的评价步骤进行适当的修改，包括评价方法的适当调整。

（三）评价信息的整理分析和撰写评价报告

评价信息的整理分析，就是指评价人员对收集到的各种资料进行整理、汇总和综合，在此基础上获得评价的结果，然后再在评价结果的基础上形成评价结论，这一步是十分重要的。评价人员必须关心所有的评价资料，不能遗漏或者忽视任一方面的评价信息。只有综合所有信息，才能获得最科学的评价结果。这些评价信息的整理与分析，必须考虑选择比较恰当的方法，尤其是一些定量分析的数学方法。不同的方法可以形成不同的结果，只有恰当的方法才能形成科学的结果。

在获得客观的评价结果之后，评价人员必须形成评价的结论。所谓评价的结论就是针对评价对象的进一步发展提出解决目前存在问题的意见和建议，这是教师评价的最终目的之所在。评价结论必须是合理的和有可操作性的。评价结论应该有广泛的可接受性，包括评价人员内部的高度一致性和被评价教师的认同。有时候，评价结论也可以在听取被评价教师的意见，或者在评价人员与被评价教师相互协商的基础上形成。

撰写评价报告是评价活动取得成绩的一个重要显示。一般说来，任何一项评价活动都应该有评价报告。评价报告的目的，一方面在于总结评价工作，另一方面在于将本次评价工作向更大的范围予以传播和扩散，所以，撰写评价报告有比较高的要求。评价报告一般要包括以下几个方面。

（1）评价的背景介绍。为接受或阅读评价报告的人员提供评价的基本背景信息，使他们对评价的理解有比较好的基础。

（2）评价方案介绍。罗列评价的具体内容，包括评价目的、要求、方法、步骤和参加人员等。

（3）评价过程介绍。简要回顾评价实施的过程，包括实际采取的步骤和遇到的困难与问题等。

（4）评价结果描述。详细而全面地介绍评价所获得的资料和数据等，并对这些数据及资料进行分析，提供所产生的结果。这里的描述应力求客观和真实，不宜介绍评价人员的观点与评论。

（5）评价结论。这里介绍评价人员在上述结果的基础上提出的评价结论，包括对被评价教师的评判和所提出的建议，这些建议可以是针对教师本人的，也可以是针对学校的，还可以是针对教育行政部门的。但每个结论和建议都是具体的和有针对性的。

（6）附件。一些不宜在报告正文中出现而又十分重要的资料和材料，可以用附件的形式予以罗列，如调查问卷、访谈记录和原始数据表等。

（四）评价报告的发布与信息的反馈

对高中地理教师进行评价其目的在于通过评价提高教师素综合素养，改进教学工作和提高教学质量。所以，教师评价的最后一步就是将评价的结果与结论向有关组织或个人进行汇报或介绍，并收集评价的反馈信息，为改进以后的教师评价工作提供资料。

就合理的教师评价而言，它是科学的、客观的和正确的。因此，评价的结果和结论也是可以公开的和不需要保密的。但是，教师评价的结果和结论又是与具体教师相关联的，涉及具体教师的个人发展。所以，评价在一定意义上又是要保密的，尤其是对于与评价没有关系的人员而言，评价是不能公开的。这样，评价报告的发布是有条件的，也是有限制的和有一定范围的。

评价报告的发布和评价反馈信息的收集，一般包括两个方面：其一是向被评价者介绍有关评价信息。在介绍评价结果和结论时，评价人员要仔细、认真、慎重地解释结论，同时要征求被评者对评价及其结果与结论的意见；其二是向有关领导机构或领导反馈评价信息，将评价的结果作为其制定教改方案或决策教学管理工作的依据。

总之，只有真正发挥评价结论的作用，才能使评价工作步入一个良性循环的轨道，真正起到反馈与导向的作用。

以上四个步骤是相互联系的，前者影响决定着后者的质量，后者又可以为前者的改进提供信息和依据。当然，教师工作评价可以因地、因人而异，在具体实施评价过程中，人们可以根据不同的条件具体地予以实施。但就总体而言，这四个方面或步骤是最基本的和不可分割的，是教师评价的基本程序。

二、高中地理教师评价方法的选择

衡量一位地理教师教学工作的标准在不同的时代会有不同的内涵，所使用的评价方法也应该做出相应的、合理的调整。尽管这种调整并非是对以前评价方法的全盘否定，而是对其内容的重新组合、取舍，这是有必要的。新课标指导下的教师评价主体的构成具体包括以下几个方面：教师自评、同行互评、专家专评、学生评教、其他开放式评价。

（一）地理教师自评

教师发展性评价强调突出教师的主体地位，鼓励教师进行自我评价。与他人相比，教师最了解自己，清楚自己的工作背景和工作对象，知道自己工作中的优势和困难。

评价管理人员在评价开始时就要和教师沟通，根据教育教学实际和教师本人的情况，形成个体化的评价目标和评价方法；在收集信息的过程中要选择恰当的方式明确教师自主提交评价资料，同时要创设宽松的氛围，鼓励教师提出教育教学过程中的困难和疑惑，与教师一起分析各种尝试和探索；在对评价资料和数据进行分析时，要与教师进行充分沟通，注重资料的背景和影响因素，达成评价结论的过程要与教师一起讨论，对教师存在的优势和不足逐步形成清晰的认识，注重分析原因，提高教师自我反思的能力，并且与教师一起提出改进建议。

教师自我评价要注意以下几点。

第一，要有明确的评价内容和评价标准，有目的地收集、分析有关自己教学的资料，体现评价的导向作用。

第二，教师自我评价的结果不宜与教师的奖惩或利益挂钩，否则容易使教师由于压力或功利的目的而不能正确对待自我评价，从而偏离通过自我评价促进教师发展的初衷。

第三，突出教师本人在评价中的主体作用的同时，还应重视和充分发挥学生、家长和同事评价的作用。学生、家长和同事都是教师的工作伙伴，他们不但直接或间接参与了教师的教育教学活动，而且能够从不同的侧面反映教师的工作表现，对教师的改进和提高会产生积极影响。评价管理人员要为学生、家长和同事评价创设积极参与的氛围，同时教师要端正对他人评价的态度，认识到他人评价所提供的信息对于自己的改进和发展所起的重要作用，以平和的态度、宽广的胸襟接受他人的评价。

教师通过各种渠道收集各种反馈信息，对自己在地理教学过程中的各个环节进行深刻反思，其目的是更好地改进地理教学工作，它更多的是教师的一种自愿、自发的行为。这种评价方法适用于对地理教师教学各方面工作的评价。在进行自评时，首先，教师要收集学生对自己教学工作的各种反馈信息。这些反馈信息可以从多种渠道获得，包括学生的课外作业、学生上课回答的问题、常规性的测试、通过其他教师间接获得学生对教学的反映、学生对教学工作的直接反映等。其次，教师所获取的信息也是多种多样的，这些信息所反映的情况是否真实，是否具有普遍性，教师必须在这些信息的基础上，依据地理教师教学工作评价指标体系，对其进行合理的分析、判断，总结自己在教学过程中的得与失，对自己的教学工作做出一个比较客观的评价。最后，教师依据分析的结果找出问题的原因所在，提出有效的、可行的改进措施。

教师自我评价通常有以下三种机制：

一是根据别人对自己的评价来评价自己。自我评价往往以别人对自己的评价作为参照点，如经常得到表扬的人，会不断地获得自信，而在自评中持肯定的态度。别人对自己的评价是自我评价的一面镜子。问题是根据别人的评价进行自我评价时，要正确地对待别人的评价，要分析外界评价有没有偏差。可以说，基于这种机制的自我评价是一种理性程度最低的自我评价。

二是通过与他人的对比来评价自己。主体的自我评价还常常通过与自己地位、条件相类似的个体与群体进行比较而获得，一个人的自我评价并不是孤立进行的。当然，类比对象的不同，也可能造成评价结果的不同，影响评价的真实性与准确性。通过与他人的比较来评价自己，其理性水平处在中间。

三是通过自我分析来实现自我评价。自我评价不仅是对他人评价的反映，还是在了解外人评价及在与他人类比的基础上，结合自我观察、自我分析、自我反省来完成的。自我分析就是把自身的行动及结果与一定的价值尺度比较的过程。价值尺度又有外在价值尺度与内在价值尺度之分。外在的价值尺度就是为社会上大多数成员所认可的价值标准，如法律、道德、义务、责任、习俗等。内在价值尺度就是自身的发展目标与愿望，如对真善美的追求。基于自我分析的自我评价，是一种理性程度较高的评价。当然，不同的人在把握价值尺度时的自觉程度不同，而且，有时候外在价值尺度与内在价值尺度还会发生矛盾。

（二）同行评价

同行评价不仅在形成性评价中有很大的潜在价值，还对在教师中创造一种专业发展的气氛也有重要意义。使用同行评价这一方法的基本观点是，在评价教师能力方面，同行具有较大的发言权。同时，评价者对课堂教学、教材以及教师的要求都比较熟悉，这使他们对教师能力的提高及工作的改进都能提出有价值的建议。

为提高同行评议的质量，学校建立经常性的听课与观摩制度是有利的。它有助于教师之间取长补短、共同提高，同时，它也有助于降低同行评议中的主观臆测成分。

这种评价方法比较适用于地理课堂教学活动。同行对地理教材内容、教学目标、教学重点和难点、地理教学方法、地理教师应具备的素质等都比较熟悉，他们对地理教师教学能力的评价是很有发言权的。而且，他们能提出有价值的提高和改进措施及建议，对在地理教师之间形成一种取长补短、相互学习、共同提高的气氛是有重要意义的。同行评议的主要形式是地理教师相互之间听课与观摩，在课堂教学结束之后，再集中教师举行评课活动，评课的标准就是地理教师教学工作指标体系，主要是对课堂教学过程的各个环节进行比较客观的分析、反思，最后总结经验教训，提出相应的改进建议。评课活动是整个评价过程的一个中心环节，评课活动的客观性决定评价结果的真实性。另外，为了提高同行评价的质量，学校要加强内部和不同学校之间经常性的听课与观摩活动，增加同行之间的了解，提高评价的客观性。

在教师同行评价中，美国关于同行评价的规定可以作为参考和借鉴：

（1）同行评价允许教师参与具体评价的时间、评价周期方面的选择，甚至可能与评价者讨论进入课堂听课的具体时间。对于评价标准的制定，教师也有权根据自身需要和个别差异与评价者商讨和修改，量身制定出一套较为适合自己的评价规则。

（2）同行评价的评价者来自至少具有 5 年教学经验，熟悉学科教学、教育学、心理学和管理学的，经过良好的评价知识和评价技术训练的优秀教师。

（3）同行评价旨在鼓励所有教师尽一切努力提高教学质量，发展专业技能，有利于学校营造一种教师专业发展的氛围。

（4）同行评价是总结性评价和形成性评价的结合。它建立在经常性的听课、课堂观察和分析反馈的基础上，对教师进行长期的关注和监督，对教师的评价是动态的、客观的，增强了评价的有效性和权威性。

（三）委托专家组评价

专家组在对教师地理教学工作评价过程中所获得的信息和最终的评价结果可以为学校的管理层对相关教师进行评定等提供必要的依据，也可以为教师改进教学工作提供指导。但专家组对教师的评价只能通过一两次听课活动、检查学生的作业、与学生和教师进行访谈等方式获取相关信息，并依据这些信息做出最终的评价，这带有一定的偶然性和片面性，降低了评价结果的可信度。委托专家评价过程中，观察与会谈是评价信息收集的基本途径。

观察在教师评价中一直占有重要的位置，因为它具有相当的可靠性。但课堂观察的可靠性与有用性直接依赖观察者在观察之前所掌握的信息量与信息的类型。在观察基础上帮助教师发展的诊断性会谈，可以用来发现存在的问题，和问题的症结所在。

总之，采用一种方法对地理教师教学工作进行评价，缺乏全面性和合理性，对地理教师也是不公平的。在实际操作中，学校应该根据评价内容、评价目的的不同选用不同的评价方法，或采用多种评价方法组合的方式，增强评价过程和结果的客观性。

（四）学生评教

学生是地理教学过程中的主体，他们对教学目标是否符合自己的需要、地理课外活动内容是否有趣、课堂教学内容重点是否突出、上课所举的例子是否与自己的生活相关联等是最具有发言权的。从理论上说，学生评教也是最符合客观事实的一种评价方法。在学校，管理人员想了解学校地理教育的进展情况或地理教师的工作情况时，学生评教是一种比较有效、可行的方法。学生评教所采用的形式主要有问卷调查、学生代表座谈等。当采用问卷调查的形式时，问卷设计的质量是影响评价信度的一个重要因素。问卷一般采用选择题，题目要依据地理教师教学工作评价指标体系来进行设计，题干表述要力求简单明了，安排的选项要切中问题要害，在部分选择题的选项后面或问卷的最后可以适当地安排由学生自填的项目，使学生可以更加准确地表达自己的想法。如果采用学生代表座谈方式，在选取学生代表时要特别注意不同程度学生的合理搭配，当然，座谈时所要了解的主要问题也应事先做好充分的准备。不管采取哪种形式的学生评教，最好要注意评价过程对相关地理教师的保密性，在结果出来之后由学校管理人员向地理教师传递有关反馈信息，以敦促相关教师做出改进。学生评教也可以作为地理教师职称评定、奖惩的依据。

学生评教自 20 世纪 70 年代以来为很多国家所重视。因为学生是教学过程的主体，他们对教学目标是否达成、师生关系是否良好都有较深刻的了解；对学习环境的描述与界定也较客观；学生直接受到教师教学效能因素的影响，他们的观察比其他突然出现的评价人员更为细致周全；学生参与评教有利于师生沟通，从而有助于教师提高教学水平；学生评教的结果还可作为其他学生选课的参考。

学生评教不仅比较方便，还在统计上具有较大的稳定性。特别是把学生的评价范围限制在描述教学活动时，学生的评教资料具有较高的效度。但是，大多数教师对学生是否具有准确地评判教师活动的能力缺乏信心，代替直接使用学生评教意见的办法是学校有关方面听取学生意见后，间接地转告给有关教师，这将使学生意见更容易被教师接受。

第七章　新课标下的学生评价

学生评价是对学生学习进展与行为变化的评价。它包括对学生在知识与技能、过程与方法以及态度、情感与价值观等方面发展状况的评价。其中，对学生在掌握知识技能方面的发展情况的评价是历来都非常受关注的问题，其他方面的评价当前也越来越受到人们的关注。新课标越来越强调学生的发展，所以对学生的评价也应该以学生发展的理念为指导，采用多元化和多主体的学生评价方法。

第一节　高中地理学生评价简述

一、学生评价的概念与步骤

（一）学生评价的概念

自从出现了教育活动，就有了对学生评价的探索与思考。然而，时至今日，对学生评价仍然没有取得一致的认识。比较有代表性的观点有以下几个。

学生评价是在一定的教育价值观的指导下，根据一定的标准，运用一系列方法，对学生的思想品德、学业成绩及身心素质进行价值判断的活动。[1]
其中，一定的教育价值观对学生评价具有统整作用，它规定着学生评价内容
的选择、方法的运用等方面，同时也相应地形成了不同的学生评价模式。

学生评价是指在一定教育价值观的指导下，根据一定标准，运用现代教
育评价的一系列方法和技术，对学生的思想品德、学习成绩、身心素质、情
感态度等的发展过程和状况进行价值判断的活动，是教育评价的重要领域，
也是每一位教师都必须实际操作的一项重要内容。[2]

学生评价是基于促进学生的发展（认知的、情感的、动作技能的）或将
学生分等级以便甄别等目的而对学生的表现（真实或模拟情境中的，已有
的、正在表现的、可能的）进行判断的活动，是一种事实判断与价值判断的
综合。[3]

综合上述几种观点，笔者认为，学生评价是评价主体依据一定的评价标
准，运用多种评价方法，对学生的发展过程和变化及其影响因素进行系统分
析和价值判断，以期达到教育价值增值的过程。它包括学生综合素质评价、
学习能力评价、学业成绩评价和思想品德评价等方面。因此，学生评价不能
仅仅理解为对学生的学业成绩或学习结果进行评价，它除了关注学生掌握的
知识和技能外，还应关注其情感、态度与价值观的发展；它除了进行终结性
评价外，还要进行过程性和发展性评价；它除了依靠笔试的手段外，还要依
靠开放的及多样化的方式进行评价；它除了使用百分制计分法和等级制计分
法外，还要使用描述语句、模糊分数等方法；它除了评价预计范围内的成就
外，还要评价预计范围之外的成就。

（二）学生评价的基本步骤

1.明确评价内容和评价标准

新课标关注学生全面发展，不仅关注学生知识和技能的获得情况，更关
注学生学习的过程、方法，以及相应的情感、态度和价值观等方面的发展。
只有这样，才能培养出适合时代发展需要的创新型人才。为此，除了学科的

---

① 翁琴雅.新时期我国学生评价的价值观——从"以分为本"向"以生为本"的转变[J].
当代教育科学,2009(21):35-38.
② 王景英.教育评价[M].北京：中央广播电视大学出版社,2004：223.
③ 王凯.发展性校本学生评价研究[M].上海：华东师范大学出版社,2009：4.

课程目标之外，学生评价还包括一般性发展目标，表现为以下几点。

（1）学习能力。有学习的愿望与兴趣，能承担起学习的责任；能运用各种学习策略来提高学习水平，能对自己的学习过程和学习结果进行反思；能把不同的学科知识联系起来，运用已有的知识和技能分析、解决地理问题；具有初步的探究与创新精神等。

（2）交流与合作。能与他人一起合作，尊重并理解他人；能评价和约束自己的行为；能综合地运用各种交流和沟通的方法等。

（3）个性与情感。对生活、学习有着积极的情感，拥有自尊和自信，能积极乐观地对待挫折与困难，具有勤奋、独立、自律、宽容和自强不息的精神。

地理学习目标以地理课程标准为依据，如在地理教学中，地理学习目标和一般性发展目标很难截然分开，也没有特定的课程来培养和专门促进一般性发展目标。通常，一般性发展目标蕴含在学科学习中，与学科学习目标同步发展，而且常常融合在一起进行评价。

2.选择科学的评价方法

新课标倡导评价方法的多样化，尤其强调定性评价方法的应用。定性的评价方法和定量的评价方法相结合，才能有效地描述学生的全面发展状况。因此，促进学生全面发展的评价体系打破将考试作为唯一的评价手段，重视开放式的定性评价方法，如行为观察、情境测验、学习日记或成长记录等，关注学生学习、发展的过程。而考试评价则应注意根据考试的目的、性质和对象，选择不同的考试方法，如辩论、答辩、表演、产品制作、论文撰写等灵活多样、开放动态的测评方式。此外，需要注意将形成性评价与终结性评价有机地结合，只有这样，关注过程的形成性评价方法和定性的评价方法才能落到实处。

3.收集、分析学生发展过程和结果的信息

学生发展过程和结果的信息包括学生的自我评价、教师和同伴的观察与评价、来自家长的信息、考试和测验的信息、成绩与作品集、其他有关或说明学生进步的证据等。常用的收集方法有考试、教师的定性评价、对学生行为表现的观察、访谈与调查等。这些信息不仅应涵盖学生发展的优势领域，还应涵盖学生发展的不足领域，这样才能为学生的发展建立全面、客观的资料档案，清晰描绘出学生发展的状况。学校、教师需要和学生一起对收集到的信息进行分析，对学生发展的成就、潜能和不足进行客观描述，对学生表现做出分析，给出建议。

4. 制订促进学生发展的改进计划

评价的目的不是检查、甄别和选拔，而是如何通过评价来促使被评价者改掉缺点，获得发展。因此，学生评价应根据信息收集后的分析，根据学生发展的成就、潜能和不足，明确促进学生发展的改进要点，并用清楚、简练、可测量的目标表达出来，制订改进计划。

二、学生地理学习评价的基本内容

学生高中地理学习评价的基本内容有以下四方面。

（一）地理知识掌握状况的评价

涉及地理课程标准所规定的地理知识范围，包括地理基本事实（如地理名称、地理数据、地理空间分布、地理景观等）和地理基本概念、特征、原理等方面的识记、理解、应用状况。传统地理学习质量评价，往往过分注重学生对地理基本事实和地理基本概念、特征、原理的识记等方面的评价，而对理解和应用的评价重视不够。

（二）地理技能形成状况的评价

地理技能主要包括阅读地图、地理图表的技能，填绘地图、图表的技能，进行地理观测、地理调查的技能，以及地理计算等。随着现代社会和地理学科的发展，地理学科的实践性越来越受到重视，并发挥了重要的作用，也显示了地理学科强大的生命力。因此，地理技能形成状况的评价理应成为现代地理学习质量评价的重点内容。

（三）地理能力发展状况的评价

地理能力包括运用地理数据、地理事实材料、地图、地理图表阐述地理问题和分析地理问题的能力，地理知识迁移能力等，也包括一般的观察力、记忆力、想象力、思维能力等。地理能力的形成和发展有助于提高学生学习地理的效率，有助于学生增强地理学习能力和解决实际问题的能力。在学会学习日益受到全人类重视的时代，地理能力的发展对学生是否能适应未来社会的需要将会产生重要的现实意义。

（四）地理情意发展状况的评价

地理情意属于意识领域的内容，是一种地理观念、一种地理价值观，它在一定程度上决定一个人在分析、解决地理问题时的态度和处理方法。它主要包括爱国主义情感、辩证唯物主义观、地理科学态度、环境伦理观念、可持续发展观、全球化意识、地理审美观等。

三、学生地理学习评价的维度

（一）评价学生的地理学习水平

学生的地理学习水平主要有以下三方面。

1. 识记水平

在地理学习中，识记即识别、记忆重要的地理名称、地理数据、地理术语、地理概念、地理现象等，在地图上识别地理事物的分布，对地理基础知识的再认和回忆。例如，"说出地球的圈层结构""说出文化景观的类别""运用地图说出七大洲、四大洋的地理分布"等。

2. 理解水平

理解是对已学地理基础知识的正确领会，它要求学生能用自己的语言简要说明、解释地理事象的成因和原理，概括说明地理事物和现象的变化及特征。例如，"说明洋流在全球水热平衡中的作用""比较某两个地区人口活动的区域差异""概述可持续发展思想的基本内容"等。

3. 应用水平

能将所学的地理基础知识运用到新的情境中，进行总结、推广，如"结合实例分析交通点、线的区位因素及交通建设对区域发展和地理环境的作用""结合实例分析农业或工业活动对地理环境的影响"等。应用是对地理基础知识掌握的最高要求。

（二）评价学生地理学习能力的掌握状况

地理学习能力主要包括的技能阅读地图、地理图表的技能，填绘地图、地理图表的技能，地理观测、调查，以及地理计算等。

1. 评价学生阅读分析地图、地理图表的学习能力

对学生阅读分析地图、地理图表的学习能力评价包括以下几点。

（1）是否熟悉常见的图例符号和注记。

（2）能否区分不同比例尺地图的功用。

（3）能否区分普通地图与专题地图。

（4）能否根据需要正确选用不同类型的地图。

（5）能否正确辨别地图上的方向。

（6）能否从地图、地理图表中获取必要的信息。

（7）能否从照片、图表中推理出某些特定的信息。

2. 评价学生填绘地图和地理图表的学习能力

对学生填绘地图和地理图表的学习能力评价有以下几点。

（1）是否掌握填绘地图、地理图表的原则和要求。

（2）能否准确无误、按要求填绘。

（3）填绘地图、地理图表的熟练程度如何。

3. 评价学生的地理计算学习能力

对学生地理计算学习能力的评价有以下几点。

（1）能否根据要求合理选用计算公式。

（2）能否熟练掌握运算技巧。

（3）能否快速、准确地进行运算。

4. 评价学生的地理观测和调查的学习能力

地理新课程标准和地理新教材中都安排了许多实地考察、调查的活动，这些活动任务的完成需要学生具备一定的地理观测、调查学习能力。

对学生地理观测调查学习能力的评价有以下几点。

（1）是否掌握一般的观测、调查原则和方法。

（2）能否制定合理的观测、调查方案和步骤。

（3）能否选用合适的观测仪器。

（4）能否预先考虑各种不利因素，并想好对策，保证活动顺利实施。

（5）能否全面、准确地做好记录。

（6）能否对观测、调查的记录资料进行合理的归类、整理。

（7）能否对收集的资料进行正确的分析，得出科学的结论。

（8）能否以恰当的形式表达观测、调查的结果。

（三）评价学生对学习方法的掌握状况

地理新课程标准把改变学生的学习方式置于突出位置，为学生创设了大量实地观察与调查，收集、整理、分析地理信息资料等活动，让学生在活动中主动地学习地理知识、技能和方法。在教学建议中，新课标提出：创造机会让学生参与收集、整理、分析地理信息并得出结论，让他们亲身体验现有知识的创造经历；倡导尽量从实际出发，提出问题，引导学生进行分析论证与抽象概括；鼓励学生向教师质疑，与教师进行平等的对话与交流；鼓励学生之间为促进学习而进行各种讨论；注重帮助学生改变过分注重记忆、被动模仿的学习倾向，把自主探究与合作交流作为重要的学习方式。

学生学习方式的改变，要求必须对学生参与学习活动的质量和水平做出恰如其分的评估。地理学习评价应该也在引导学生学习方式的改变上，发挥其应有的导向作用。地理学习方法评价应重点评价学生对地理观察、区域分析与综合、地理比较、地理实验等常用地理方法的领悟、掌握状况和运用水平。

1. 地理观察方法的掌握和运用状况评价

评价学生地理观察方法的掌握与运用状况，应从学生地理观察方法的掌握状况与观察的质量两个方面进行评价。

对学生地理观察方法的掌握状况的评价内容有以下几点。

（1）能否有顺序地进行观察。

（2）能否运用简单仪器进行定量观察。

（3）是否运用比较方法、分析综合方法和主次程序等方法进行观察。

对学生地理观察方法掌握和运用状况的评价内容有以下几点。

（1）能否按一定的目的进行观察。

（2）能否有计划、有步骤地进行观察。

（3）能否观察到观察对象的细微特征，善于发现别人不易发现或容易忽略的内容。

（4）能否条理清楚地描述观察的结果。

（5）能否对持续时间较长的观察过程长期坚持。

对学生地理观察方法的掌握与运用的评价，应注意：地理教师布置观察性作业或者提出观察性问题，学生观察前，要让他们讲出观察的目的、观察的顺序，需要拟定观察计划的则让学生呈现他们制订的观察计划；观察后，要让学生描述观察的结果。以上活动可以提供评价学生观察方法掌握与运用状况的信息，教师可对照评价要点进行评价。

2.地理实验方法的掌握与运用状况评价

评价学生地理实验方法的掌握与运用状况，应从学生是否具备关于地理实验的方法与操作步骤方面的知识和实际设计实验的能力两方面进行。

对学生地理实验方法掌握与运用状况的评价有以下几点。

（1）能否利用身边的材料设计探究假设的实验方案。

（2）能否设计实验的步骤。

（3）能否根据实验的目的确定实验方法和选择实验器材。

（4）能否使用有关仪器进行测量。

（5）能否按步骤做实验。

（6）能否认真记录和收集实验信息。

对学生地理实验方法的评价，应采用观察法与作业法相结合的形式。地理教师可向学生布置一项实验作业，如模拟沉积岩的生成。教师可先将学生分组，各小组就该作业设计一个实验方案，各小组对方案的可行性、科学性、合理性、可操作性等方面进行互评，教师不仅可以对学生设计实验的能力进行评价，还可以了解其分析、解决问题的能力，同时给学生提供一个互相学习的机会。互评后，各小组对实验方案进行修改，修改后的方案可投入使用。实验过程中，教师要注意观察学生能否按实验步骤进行操作，能否使用有关仪器进行测量，能否准确记录和收集实验信息，独立完成任务或与人合作的情况如何，整个实验过程中的表现和态度如何，从而收集相关评价信息，对学生地理实验方法与操作步骤的熟练程度进行评价。

3.区域分析与综合方法的掌握与运用状况评价

对学生区域分析与综合方法掌握与运用状况的评价有以下几点。

（1）能否把所学地理要素或区域分解成若干部分或个别属性方面加以认识。

（2）能否把分解过的对象结合成一个整体加以认识。

评价学生对区域分析与综合方法的掌握与运用状况，可采用作业法。

4.地理比较方法的掌握与运用状况评价

对学生地理比较方法掌握与运用状况的评价有以下几点。

（1）能否运用"比同"和"比异"的方法比较地理事物间的共同点与差异点。

（2）能否运用比较的方法认识同一地理事物不同阶段的特点。

（3）能否自己确定比较的标准。

（四）评价学生的能力发展状况

1. 评价学生发现和提出地理问题的能力

发现和提出问题是解决问题的前提。爱因斯坦曾说过："发现问题比解决问题更重要。"学生的地理探究性学习，也是以学生发现问题、提出问题为重要前提的。对学生发现问题和提出地理问题能力的评价有以下几方面。

（1）问题意识：是否善于发现问题，积极提出可能通过探究解决的问题，是否领会提出问题的途径和方法。

（2）对信息的利用：学生是否能有效地利用已知信息提出问题。

（3）问题的质量：所提出的问题是否合理，是否完整，是否新颖，广度与深度如何等。

对学生提出地理问题的能力进行评价，应多采用观察法。在课堂教学和地理课外活动中，评价者要多创设问题情境，注意观察学生的问题意识、提出问题的积极性及自觉寻找条件提出问题的主动性，并分析其提出问题的质量。

2. 评价学生解决地理问题的能力

评价学生解决地理问题的能力，主要从以下几方面进行。

（1）能否根据已有的知识经验，或者收集相关信息，将已有的地理知识与问题相联系，提出对问题解答的猜测和假设。

（2）能否运用地理知识、方法和技能解释现实生活和不同地理区域的一些地理现象。

（3）是否能够通过独立思考获得解决问题的思路。

（4）能否借助地图、图表、模型以及实际观察、调查的资料探究地理问题并做出表达、判断、评价与决策。

（5）能否找到有效解决问题的方法，尝试从不同的角度去思考和解决问题。

（6）能否这用地理语言有条理地表达自己对问题的思考过程。

（7）能否与他人合作解决某些实际问题。

（8）是否有反思自己思考过程的意识。

（9）是否理解别人的思路，并在与同伴交流中获益。

（10）能否用语言、文字、图表等方式表示探究的过程和结果。

3. 评价学生收集整理和分析地理信息资料的能力

评价学生收集整理和分析地理信息资料的能力，主要从以下几方面进行。

（1）能否利用地图、图表、图片、图解和各种信息源（如期刊、报纸、电视、广播、互联网等）收集一手或二手资料。

（2）能否通过实地观测与调查等方式去获得资料，能否保证地理信息资料的质量（如资料的多样性、可靠性、全面性、针对性等）。

（3）能否将地理信息资料恰当归类。

（4）能否将地理信息资料绘制成地理图表和简单的地图。

（5）能否通过分析地理信息资料得出结论并进行检验。

可采用观察法、作业法、作品法等进行评价。

（五）评价学生的情感、态度和价值观的形成状况

在地理教学中关注学生情感、态度和价值观的评价，是适应国际地理教育趋势的需要。当前，高中地理新课标十分重视对学生的地理观念和科学兴趣的培养。地理教育应把对学生的兴趣、好奇心的培养与地理观念的培养相结合，使学生对观察、比较、区域分析与综合等地理活动产生强烈兴趣，懂得尊重周围的生态与地理环境，关心自身和他人的健康与安全，树立实事求是的科学态度和科学精神。

情感、态度和价值观是学生全面发展的重要组成部分。地理教学提倡情感、态度和价值观的评价，有助于地理教师更加关注学生在地理活动中表现出来的情感、态度，对于引导地理教师由仅关注知识与技能转向注重发展学生的非智力因素，具有重要的导向作用。

评价应关注学生在以下方面的变化与发展。

1. 对地理学科的认识

学生对地理学科是否具有正确的认识，主要看其是否具有良好的学习动机、浓厚的地理学习兴趣、正确的学习态度以及能否体会地理学科与现实生活的密切联系和地理学科的应用价值。

学生对地理学科认识的评价包括以下几点。

（1）能否积极主动参加观察、调查、实验等地理实践活动。

（2）能否积极主动回答老师的问题，参与地理课堂教学。

（3）能否认真完成地理作业。

（4）课外能否主动阅读与地理有关的书籍和报刊。

2. 科学精神与态度

对学生在地理学习中表现出来的科学精神与态度，应从下述方面评价。

（1）能否保证收集到的资料准确无误。

（2）能否使观测、实验的数据尽可能精确。

（3）能否在观察、调查、实验和报告撰写中做到一丝不苟，精益求精。

（4）当观察、调查、实验的结果与预想不一致时能否实事求是，坚持真理。

（5）在问题解决过程中是否敢于提出自己的见解。

（6）当自己的见解或结论与老师、同学或书本上不一致时，是否敢于坚持己见。

（7）对自然地理环境与社会的态度和责任感。

评价学生对自然地理环境与社会的态度和责任感，应着重把握以下要点。

（1）是否具有可持续发展的观念。

（2）是否形成了环境、资源保护意识和行为。

（3）是否具有热爱祖国的情感与行为。

（4）是否敢于同破坏环境、资源的行为做斗争。

对学生情感、态度与价值观进行评价，主要采用调查分析法，即在评价理论的指导下，通过运用观察、问卷、访谈、测试等调查手段，收集评价对象的有关资料，然后经过比较分析做出价值判断。学生的科学精神、态度和价值观是学生主观的认识和理念，属于内在特征。因此，评价时常用问卷法与访谈法，通过投射技术让评价对象回答，从中了解他们的认识与观念。同时，学生的科学精神、态度与价值观还会影响他们的行为与习惯，有时通过对学生某些典型行为、习惯的考查，也可以间接地看出他们的科学精神、态度与价值观的水平。具体应用时，可根据实际情况进行设计。

第二节　发展理念下的学生评价

发展是学生的基本权利，学生处于不断发展变化的过程中，教育的意义在于引导和促进学生的发展和完善。对学生进行地理学习评价，根本目的是促进学生的全面发展，这是地理新课标对高中地理课程的要求，也体现了"一切为了学生发展"的教育理念。

一、发展理念下学生评价的特征

（一）基于一定的培养目标

地理课程目标明确提出了高中阶段的地理课程不仅要让学生掌握现代公民所必备的地理基础知识和基本技能，还要培养学生的地理能力、情感、态度和价值观，使学生具有作为一个公民所必需的地理科学素养。地理课程培养目标构成了发展性地理学习评价制定的依据。发展性地理学习评价的目标、内容和方法只有与地理新课程的培养目标相一致，才能最大限度地发挥评价的功能，改善教师的"教"和学生的"学"。

例如，《普通高中地理课程标准》（2017 年版 2020 年修订）对于课程目标的要求："①学生能够正确看待地理环境与人类活动的相互影响，深入认识两者相互影响的不同方式、强度和后果，理解人们对人地关系认识的阶段性表现及其原因，认同人地协调对可持续发展具有重要意义，形成尊重自然、和谐发展的态度。②学生能够形成从综合的视角认识地理事物和现象的意识，对地理各要素之间的相互作用关系有较强的分析能力，并在一定程度上解释地理事物和现象发生、发展的过程，从而较全面地观察、分析和认识不同地方的地理环境特点，辩证地看待地理问题。③学生能够形成从空间—区域视角认识地理事物和现象的意识，对地理事物和现象的空间格局有较强的观察力，并运用区域综合分析、区域比较、区域关联等方法认识区域，简要评价区域现状和发展。④学生能够运用所学知识和地理工具，在室内、野外和社会的真实环境下，通过考察、实验、调查等方式获取地理信息，探索和尝试解决实际问题，具备活动策划、实施等行动能力。"这些既是高中地理课程的目标，又是学生评价的基础。

（二）更加注重学生的地理学习方式

学生的发展是一个过程，促进学生发展同样要经历一个过程。地理新课程标准特别关注学生的地理学习方式，明确提出要改变传统的"师讲生受"

的学习方式，倡导实地观察与调查、动手实践、自主探索和合作交流等学习方式；激励学生积极探究、主动参与教学活动，形成主动的学习态度；关注学生地理学习过程中的学习方式、思维方式、能力、情感等各方面所发生的变化。

（三）关注学生的个体差异

每名学生都有不同于他人的素质和生活环境，都有自己的爱好、长处和不足。学生的差异不仅指智力方面的差异，还包括生理特点、心理特征、兴趣爱好等各方面的不同特点。每一名学生的发展速度和发展轨迹都与他人不同，发展的目标也具有一定的个体性。发展性地理学习评价应依据学生之间的差异，正确地判断每名学生的不同特点及其发展潜力，尽可能为每一名学生提供适合自身发展的地理学习方案和有用信息。

（四）注重学生本人在地理学习评价中的作用

发展性地理学习评价要求改变学生被动接受评判的状况，发挥学生在评价中的作用，让学生更多地了解评价内容和评价标准，在评价资料的收集中发挥更积极的作用，使评价过程成为促进学生自我提高的过程。

二、发展理念下学生评价的体现

发展理念体现了"一切为了学生发展"的课程改革方向。发展理念下的学生评价为学生确定了个体化的发展性目标，着眼于学生的过去，重视学生的现在，更重视学生的未来，发现学生的潜能，发挥学生的特长，了解学生发展中的需求，帮助学生认识自我、建立自信。具体来说，发展理念下的学生评价有如下几点体现。

（一）学生评价应更加关注学生对地理问题的解决思路及过程

传统的学生评价主要关注学生对地理问题的结论，忽视其在解决地理问题中的思路、方法及在整个过程中的表现。在这种观念下的各种评价方式，如大多数的测验，特别是所谓的客观性测验，并不提供学生得出答案的方式的任何信息。供选择的答案是由试题编制者提出的，学生的任务是选择，而不是构建一种反应。其结果是评价不可能判别出推理的性质或思考的过程、答案的取舍、假设的形成或者包含于学生得分中的解释。然而推理的过程对于任何关注学习迁移能力和概念化过程的教育理念，都是至关重要的。因此，评价设计的建构要使学生有可能在有关问题解决的思考中，做出合理的观察和推理。

（二）学生评价应同时关注学生智力要素与非智力要素的表达

教学中的任何理念、观念或意象都不是孤立的，它们都属于某个独特的理智共同体，遵循着某些共同的价值观念，并在彼此的联系中获得意义，从而组成一个观念的网络。理智活动不仅要掌握这些观念自身，还有一个重要的任务，那就是理解观念之间的相互联系，把握它们在整个网络中的位置。发展理念下的学生评价就是要以某种方式创造机会，让学生展示自己对探索过的理念、观念和意象间相互联系特征的理解，以评价促进学生对客观地理事物、现象的情感倾向和态度的形成。

（三）学生评价应体现多元化评价的思想

学生评价的内容是教育目标的具体体现，反映了具有时代特点的教育观、质量观和人才观。教育不仅要为社会培养合格的公民和人才，还要使每一名学生成为有能力追求幸福生活的个体。学会做人、学会做事、学会合作、学会学习是对一个公民的基本要求。因此，在新的课程标准中，强调培养目标和评价内容的多元化，不仅包括基础知识和基本技能，还包括情感、态度与价值观、学习过程与学习方法。学生在学习活动和未来的生活与工作中，其知识技能、情感、态度、价值观与学习的过程和方法是紧密联系的整体，它们之间没有主次之分，对任何一个方面的忽视都可能造成学生发展的偏颇。因此，依据教育教学目标，对学生进行多方面的评价是促进学生全面发展的必然要求。

多元评价学生有助于学生健康、全面发展，符合学生的长远利益。社会对人的要求正在变得多元化，全面发展意味着更强的适应能力，知识技能、情感、态度、价值观与学习的过程和方法密不可分、相得益彰。全面发展不仅不会降低学生的学习成绩，还会激发学生学习的积极性和主动性，使他们成为爱学习、会学习、爱生活、会生活的人。因此，发展理念下的学生评价，多元化是至关重要的。

（四）学生评价应着眼于学生的终身发展

终身教育的基本理念是"教育一直是一个过程，它既不受时间限制，又不受空间限制。无论在何处，教育总是贯穿于全部生活之中。"[1] 这一理念表明，这是一种与僵化、固定的教育模式相异的、以每个独特的学生个体为本位设计的教育形式，从本质上指向学生的全面发展。学生评价应以学生的终身教育为着眼点，促进学生的全面发展。

三、发展理念下学生评价的注意事项

（一）学生评价中要关注评价的细节，注意评价环节之间的系统性

学生评价包含一系列环节，如确立评价目标和评价内容、设定评价标准、选择评价方法并收集数据和资料、达成和呈现评价结论以及评价的反馈等。评价过程仅仅关注某个环节或采取某种方法是难以收到好的效果的，必须同时关注评价的每个环节和整个过程，对评价进行系统研究。例如，表现性评价是测查学生探究、创新和实践能力的好方法，但如果不顾评价内容一味推行这种方法，在评价学生基本知识点时也用这种方法就会事倍功半。因此，如果评价改革不注意评价过程的系统性和科学性，就可能使改革工作难以收到实效。例如，地理课程中开展学生评价，不能将其他学科的评价方法简单地拿过来，没有领会学科的理念、特点及其局限性，可能出现表面化或形式主义的现象。

（二）学生评价要关注评价的过程性

学生评价的发展性功能一个重要举措就是突出评价的过程性，即通过对学生发展过程的关注和引导，在一定的目标指引下，通过评价改进教学，不断促进学生发展。评价的过程性应在收集学生学习状况的数据和资料中，根据一定的标准对其发展状况进行描述和判断，结合学生的基础和实际情况，

---

[1]　李子华.新课程背景下教学评价取向的反思与重构[J].中国教育学刊,2006(12):41-43.

给予学生反馈并提出具体的改进建议，而不只是简单地给学生下一个结论。例如，在地理课程的某一个单元教学或某项作业完成后，教师根据地理课程标准，对学生的学习态度、学习习惯、学习方法、知识和技能、探究与实践能力、合作、交流与分享等一个或几个方面进行描述，判断学生当前的学习状态，指出学生的发展变化及其优势和不足，对学生的学习提出具体、合理的改进建议，体现了评价的过程性。

在过程性评价中，地理教师要将定期评价（如小测验）、表现性评价和即时评价（如学生作业、课堂表现评价）有机地结合起来，两方面的评价对改进下一阶段教学和学习是同样重要的。过程性评价一定不要拘泥于形式，记录形式也应是多种多样的，可以写在学生的作业本上，也可以放在学生的成长记录袋中，还可以是学习报告单。教师要把对学生的日常评价和重要的资料系统地保存下来，这样才能体现学生发展变化的轨迹，使教师能够对学生某个阶段的学习状况有清晰全面的把握，也有助于学生对自己的学习进行反思并改进自己的学习。

（三）学生评价的指标要依据地理课程标准，并要具有可操作性

课程标准是教材编写、教学评估和考试命题的依据，也是评价课程的基础，是对不同阶段的学生在知识与技能，过程与方法，情感、态度与价值观等方面的基本要求。新的地理课程标准提出了很多具有时代特点并体现新的人才观、教育观和质量观的评价内容及评价标准。学生评价中，教师要在深刻理解课程标准的基础上，将课程标准与教学实际相结合，提出明确的、具有可操作性的评价目标和评价内容。教师必须在一节课或一个单元的教学之前就根据课程标准和教学内容设立恰当的评价目标，并据此选择相应的评价方法和评价任务，在教学过程中不断收集各种信息，监控并反馈学生的学习状况，及时发现教学中存在的问题并进行改进。

从课程标准到评价目标、再到评价内容，是一个具体化的过程，评价内容不能过于笼统。例如，对学生提出地理问题、解决地理问题的能力进行评价，所提地理问题的现实意义、提出问题的创新性与独特见地、问题的代表性、典型性、解决问题方法的有效性、可操作性等一些细分指标，如在评价时还是感到笼统，还可以进一步进行分解。在对评价内容进行分解时，教师所提出的评价指标必须是全面、重要和有效的，否则就会削弱评价数据的合

理性和有效性，如评价学生的学习态度时，将上课时的坐姿作为评价内容和关键指标就是不恰当的。

（四）注意学生评价方法的综合应用与优化

将知识与技能，情感、态度、价值观与过程和方法进行关注与整合，改变将纸笔测验作为唯一或主要评价手段的现象，运用多种评价方法对学生进行评价，除了纸笔测验以外，还可综合应用访谈评价、问卷评价、成长记录袋评价等，运用核查表进行观察等。例如，为了突出评价的过程性并关注个体差异，运用成长记录袋进行评价是必要的，它通过收集表现学生发展变化的资料，能够反映学生成长的轨迹，学生本人在成长记录内容的收集上有更大的主动权和决定权，能够充分体现个体差异。同样，表现性评价创设了真实的情境，通过学生活动或完成任务的过程，不仅能够评价学生知道了什么，还能够评价学生能够做什么，在学生的实际活动中评价学生的创新精神和实践能力，与他人的合作、交流与分享能力，评价学生的学习兴趣和学习习惯等。

但是，新的评价方法并不否定已有的评价方法，如纸笔测验的作用，各种评价方法都是为一定的评价目标和评价内容服务的，必须根据不同的评价目标和评价内容选择恰当的评价方法，避免在评价方法改革中出现赶时髦和形式化现象。例如，对于地理基础知识，用测验进行评价是恰当的，能够很好地保证评价的覆盖面和深入程度，而用测验可能就难以评价学生的探究、实践和创新能力。同样，用表现性评价评价学生的地理基本知识，不仅费时费力，还不能保证覆盖面。而成长记录和表现性评价存在着费时费力、管理难度大、对教师要求高、评价结论的一致性相对较差等困难和不足。因此，在具体的评价实践中教师要取长补短，根据不同的情境和要求运用不同的评价方法。

（五）要加强探索对学生情感、态度、价值观和学习过程与方法的评价方法

地理新课标强调了培养目标的三大领域，即基础知识和基本技能，情感、态度、价值观和学习过程与方法。与基础知识和基本技能相比，后者的评价有着较大的难度，在评价时首先要注意评价的内容不能笼统，如说一名学生

"热爱祖国""热爱人民"就过于笼统、抽象。其次要避免为了评价而评价的现象，人为"制造"某些情境，或采用标准化的量表对学生非学业内容进行评价是不值得提倡的。最后要注意日常教学活动提供的评价平台，如学生在小组合作学习时，可以观察学生的学习兴趣，学生是否积极参加讨论，是否愿意帮助他人、认真倾听他人的发言，是否有合作精神等，这样才能将评价内容和评价标准落到实处。另外，评价者还要处理好评价内容的模糊度和精确性之间的关系，以增强评价的可操作性、有效性和一致性；要避免给学生的非学业评价一个等级甚至是分数，如对情感、态度、价值观、学习过程与方法以及某些能力简单进行定量评价是困难的，对学生合作精神和能力以简单的分数进行评价也是不准确的，而且无助于学生合作能力的培养或提出有针对性的改进措施；在非学业评价中应提倡定性描述，在给学生下结论的时候不仅应该慎重，还要有简洁的描述作为支持性的资料和证据。

（六）学生评价中要注意评价资料的准确性和有效性

学生评价的资料是指学生的作业、小测验、问卷调查表、小论文、计划书、实验报告、活动过程记录等表明学生学习状况的原始资料，还包括对上述内容的评价，如分数、等级、评语及改进建议等。学生通过评价任务展示自己的知识、技能与能力，情感、态度、价值观和学习过程与方法。评价任务必须与评价目标一致，并且要对评价过程进行高质量的管理才能保证所获得的评价资料的有效性。例如，用地理概念的记忆情况来评价学生对地理知识应用水平是不全面的，这样评价就失去了有效性；同样，如果没有对学生在完成表现性任务过程中的合作能力进行仔细观察和记录，而是将学生本人的汇报或调查表的内容作为评价资料，就有可能出现不准确的问题，进而影响学生评价的整体效益。

第三节　多元化的学生评价方法

学生评价以促进学生的发展、提高地理教育教学质量为目的，高中地理新课标也强调评价目标的多元化，不同的目标领域（认知领域、动作领域、情感领域）要求采用不同的方法对学生进行考查、评价。此外，学生的心理特征、地理学习方式和学习特点等方面也各有差异，再加上评价方式各有优缺点，针对学生的评价需要采用多种评价方式来保证评价结果的客观、准确。

一、书面测验法

书面测验即我们常说的书面考试、笔试，是实践中常用的地理学习评价形式。书面测验法适用于对知识与技能目标达成的评价。例如，特定的教学内容开始前，可通过书面测验诊断学生是否已拥有学习新知识应具备的地理知识和技能，为教师教学提供依据；学习结束后，可用书面测验检测学生的学习结果，以确定下一阶段的教学目标和内容。采用这样的方法，要避免出现以纯知识记忆为主、脱离实际的倾向，测验题的编制要努力创设引起学生兴趣和联系实际的情境，体现出探究性和开放性。书面测验改变了以往单纯考查学生对地理概念和知识的记忆的情况，侧重于评价学生的思维、分析能力，让学生在灵活开放式的测验中提高自己的思维分析能力。

书面测验有多种分类方法：根据测试的范围可分为课堂测试、单元测试、期中测试、期末测试等；根据考试中是否允许被试者查阅资料，可分为开卷考试和闭卷考试，其中闭卷考试又是实践中常用的收集学生地理学习评价信息的方法。

书面测验一般由地理教师或专门人员事先拟订试卷，以全体学生为测试对象，要求每名学生在同一时间回答同样的问题。其优点是，在相同的测试情况下，对学生的要求相同，学生面对的评价工具和评价尺度也相同，在一定程度上保证了地理学习评价的相对公平，特别适宜对认知和动作等领域中的有关学习行为进行定量评价，以推断学生在相应领域中的学习行为发生的变化，为了解和鉴别地理学习成绩，改进和提高地理教育教学质量提供了一定的反馈信息。但这种评价方式忽略了学生之间的个体差异，难以体现学生地理学习的个性化。

为克服上述缺点，试卷的编制应避免以知识记忆为主及脱离实际的倾向：要注意测验试题类型的多样化，既要有填空题、选择题、判断题、匹配题等客观性试题，以测试学生对地理基础知识和基本技能的回忆和再认水平，又要有读图分析题、简答题、综合题等主观性试题，以测定学生的理解能力、思维能力、态度、价值观等；同时，在试卷中要尽量多提供一些与学生真实生活相似的情境问题和开放性问题，允许学生依照自己的兴趣和特色做出不同形式和内容的回答，以提高学生的创造能力和分析解决实际问题的能力。

试卷的编制除要注意测验试题类型的多样化外，还要注意试题的编排。测试试题的编排是指各题型和题目在考卷中的顺序安排。试题编排要充分考虑学生的应试心理，尽可能消除紧张、焦虑等不良情绪对测试结果的影响，一般按先易后难的顺序编排，将填空题、选择题等客观性试题放在试卷较前的位置，而把读图分析题、综合题、材料题等主观性试题放在试卷较后的位置。

书面测验得出的成绩（分数）本身是无法说明什么的，必须经过教师的处理、分析，才能对学生的地理学习水平做出解释、评价。对测试结果的解释主要包括：

①从整体上分析所有学生的测试目标达成情况。②分析不同类型学生之间的差异。③分析相同测试对象在不同测试中目标达成情况的差异。④按测试目标达成情况，分析某一个体在所处集体中的位置。⑤分析某一个体或学生总体，在不同知识内容上的目标达成情况差异。在对以上各方面进行分析的基础上，教师形成对个体或总体的测试结果的综合解释，从而使测试结果在学业成绩上的真正内涵充分反映出来。比如，在同一次测试中，甲、乙两学生的得分相同，具体分析他们的失分原因却大不相同，甲同学失分主要在选择题、填充题等客观性试题中，乙同学失分更多的是在读图分析题等主观性试题里，说明两同学尽管成绩相同，但在掌握知识的内容和能力水平方面存在着一定的差异。

二、观察法

（一）观察法的含义

观察法是评价者将对学生日常地理学习过程中的行为表现等的观察记录与事先制定的评价标准相对照，以得出地理学习评价结论的方法。与考试相比，观察法的运用比较方便易行，能直接获得第一手资料。在自然状态下进行的观察保证了信息的真实性，尤其适宜于对学生的地理学习态度、兴趣、方法、习惯、情感、价值观、创造性等方面的评价。

观察法能对学生在地理学习过程中表现出来的好奇心、情感、态度等进行观察、记录，对照评价目标进行评价。观察要有明确的目的，要制订观察计划和提纲，要在自然真实的状态下进行，要有重点，观察的内容与目的要一致，并尽量克服主观因素的干扰，认真做好记录。

在学习自然资源、地理环境、可持续发展等内容时，评价者可多用这种观察法来评价学生在各种讨论、辩论及其他一些课内外活动中表现出来的情感、态度和价值观。

（二）几种常用的观察法

1. 自然观察法

自然观察法指不加任何控制的日常观察，即在自然境况下进行观察。

2. 抽样观察法

抽样观察法包括时间抽样观察和事件抽样观察。时间抽样观察是指在特定时间内观察和记录学生在地理学习中的行为表现。事件抽样观察是在特定的事件（如野外观测、地理学习研讨）中对学生的地理学习状况进行的观察。

3. 追踪观察法

这是一种长期地、系统地、全面地观察学生地理学习行为发展变化过程的方法。

（三）观察法运用的注意事项

观察容易受主观因素的影响，所以，在运用观察法对学生的地理学习情况进行评价时，要注意如下几点要求。

（1）要确保观察在自然真实的状态下进行，尽量不被观察对象察觉，防止评价对象有意迎合评价者的需要，使评价信息失真。

（2）观察前要做好准备工作，如制订观察计划和提纲，确定观察内容，选择合适的观察方式和方法。此外，还要做好思想准备和业务知识准备等。

（3）确定观察目的和项目。观察既要依据评价需要确定观察目的，又要明确观察的时间和事件。

（4）客观、真实、全面、具体地做好观察记录。

三、问卷调查法

（一）问卷调查法的含义

问卷调查法是指由专家或地理教师依据调查对象和调查目标设计调查问卷，通过调查对象的具体答卷情况来获取评价信息的一种评价方法。这种方法可以同时对多人进行调查，具有省时、省力、省费用的优点。不过，在问卷确定之后就很难进行改变，一旦事先对调查对象估计不足，就可能引起较大的误差。此方法在评价学生有关地理学习态度方面是比较有效的，通过学生对相应问题的回答，可以分析、判断学生相关的态度，以达到评价的目的。

（二）问卷调查的题型

编制问卷是运用问卷调查法的关键，在设计问卷前首先要明确评价的内容，然后依据具体情境选择适当的题型来设计问题。问卷的题型主要有三种。

（1）不定案型。这种类型的调查题目不具体列出答案，由被调查学生根据自己的实际情况填写。

（2）定案型。对一个问题列出若干个备选答案，根据具体情况可采用定项和不定项的方式。

（3）半定案型。问卷内列出几个供选答案，被调查的学生根据自己的情况选择现有答案，如果没有符合的，则可以自己填写。

（三）问卷调查的注意事项

为保证问卷调查的效益，运用问卷调查法要注意如下几点问题。

（1）避免提出一些难以回答的问题，而且回答的方式越简单越好。

（2）问题的表述要符合被调查对象的特点，让人容易理解。

（3）避免使用暗示性的题目和选项。

（4）用于团体评价的问卷可以不记名，用于个体评价时则可以要求被调查者写下自己的名字，同时调查者的姓名也应填上。

（5）防止被调查者对问题做出模棱两可的理解和回答。

四、谈话法

（一）谈话法的含义

谈话法是指通过评价者与学生面对面的口头问答来获取评价信息，以把握或测验学生地理学习现实状态的方法。这种方法可以直接接近学生，在实施过程中根据实际情况需要可随时调整谈话的内容和方式，而且获得的评价信息比较真实详细。谈话法较适用于对学生的地理学习态度、兴趣、习惯和地理意识、地理价值观、地理知识面等个性特征评价资料的收集。

（二）谈话法的实施过程

谈话法的实施过程可分为以下三个阶段。

1.准备阶段

这个阶段要做的工作主要是明确谈话的目的，确定谈话要达到一个什么样的具体目标；拟定谈话的主要问题，设计谈话方式；选择谈话的对象和人数；准备谈话所需要的设备，如录音机、摄像机等；制订一份详细的谈话计划。

2.实施阶段

谈话实施过程中要注意：建立一个融洽的谈话氛围；评价者要用合适的语言表达方式，语气、措辞要适合谈话对象的年龄、性格特征，不能采用训诫或忠告的态度；尽量不要偏离事先准备的谈话主题。

3.记录整理阶段

记录谈话内容可以采用当场记录方式，也可以采用事后整理的方式。相比较而言，事后整理的方式要优于当场记录方式，因为当场记录一般会影响双方的谈话进程，特别对于性格比较内向的学生。不管采用哪种方式，都要保持谈话对象回答的原意，同时要注意剔除一些无效的干扰信息。

（三）谈话法的类型

1.日常谈话

通过课堂和日常交往中与学生的交流，可以得到许多测验无法得到的信息，能更直观地了解学生的地理学习过程。这种交流基本上是学生在自然状态下的流露，能较真实地反映学生的情况。此方法较适用于对学生的地理学习态度、兴趣、习惯和地理意识、价值观、地理知识面等个性特征的评价。但这种谈话方法由于事先没有制定具体的谈话内容、方式、目的，所以获得的信息比较零散，它要求教师有较高的评价能力，最好能在学期开始时就将事先认为重要的、学生应达到的要求列一个清单，以便在日常交流时，能及时获取反映学生进步的或证明他们在进步的信息，并把这些信息记录下来。教师也可以记录学生学习中存在的问题、困难，以便能随时调整地理教学，帮助学生改进学习。

2. 正式谈话

这种谈话要求评价者事先做好谈话准备，包括选定谈话对象，提前与谈话对象联系，制定访谈提纲，确定访谈目的、访谈时间、地点和方式等。谈话过程要按照访谈提纲进行，对谈话对象离题、冗长或不得要领的回答要有礼貌地将其拉回到主题上来。与第一种相比，这种方法显得非常正式，容易使谈话对象产生紧张不安的情绪和心理，获取的评价信息的真实性可能会打折扣。所以，它要求评价者有较高的谈话技巧，不仅要能建立融洽和谐的谈话氛围，让谈话对象主动、积极地说出自己的意见、看法、观点、思想态度，还要能根据谈话对象的表情、神态等非言语行为以及巧妙的提问，判别其回答的真实性、有效性和可靠性。这种方法能在较短的时间内集中、全面地获取学生某一方面或某几个方面的评价信息，而且在对学生的地理知识、地理技能、智能等情况的掌握和发展状况进行评价时，该方法可作为地理测验与考试的有效辅助手段，用来了解那些不易从试卷中发现的问题。

（四）谈话法运用的注意事项

1. 做好访谈准备

访谈准备包括选好访谈对象和与访谈对象进行访谈前的联系。选择访谈对象首先应考虑对方能否提供有价值的事实材料，对学生的概况（包括受教育水平、家庭情况、个性特征、交谈能力等）事先应有所了解。访谈前与学生进行联系的内容包括访谈目的、对方接受访谈的时间、地点等。访谈的时间、地点应以不影响学生的活动和学习为前提。

2. 注意交谈的艺术

为使谈话过程保持融洽和谐的气氛，教师要注意交谈的艺术。提问可以是闭合式的，如可以这样问学生："这节课老师所讲的大气环流内容，你全部听懂还是部分听懂或完全没有听懂？"也可以是开放式的，如"请谈谈你对地理课的哪些学习内容特别感兴趣"。谈话过程中教师既要尊重学生，又要善于自如地驾驭整个访谈进程，当谈话离题或言语冗长而不得要领时，要善于巧妙地把话题及时又不生硬地引回原定的题目。当学生回答不明确、不完整或答非所问时，应视具体情况进行恰如其分的追问，或让学生重述，详细解释，或让学生进一步说明原因。

3. 时刻注意学生的心理变化

在整个访谈过程中，教师要注意学生的心理变化，随机应变。访谈开始不宜突然提出一些复杂的或较为敏感的问题，以防造成僵局。对于关键性的重要问题，教师应该安排在对方谈兴正浓之时进行；对于一些敏感的甚至容易产生抵触情绪的问题，可放在谈话的最后进行。

五、档案袋评定法

（一）档案袋评定法的含义

档案袋评价又称为"学习档案评价"或"学生成长记录袋评价"，是以档案袋为依据而对评价对象进行的客观的、综合的评价。档案袋评价是为了更好地改善课程和教学，使之更符合学生发展的需要，从而促进学生的发展。档案袋评价的意义在于为学生提供了一个能够判断自己进步情况的机会。传统的评价中，从标准的制定、试题的选择到分数的评判，学生完全被隔绝在外。档案袋评价中，学生成为选择档案袋内容的一个决策者，拥有判断自己学习质量和进步的机会。对学生成就的评价，是对其进步的连续考查，而不是对学生掌握内容范围的阶段性审计。

（二）档案袋的设计

1. 明确目的与用途

档案袋的基本目的与用途表现在三个方面：第一，展示，即用"档案袋"展示学生最好的作品；第二，反映学生的进步，即通过形成性评价，证明学生的进步；第三，评价工具，即把"档案袋"作为一种总结性的评价工具。

2.确定评价主体

档案袋评定十分注重在评价过程中学生的参与，如学生可以选择将什么装进"档案袋"，可以以多种形式表现自己的能力和水平……所以，在设计"档案袋"时，学生与教师一样被视为最重要的评价主体。此外，家长、管理者等也可以参与档案袋评价。

3.确定评价对象

档案袋评价对象的范围可以包括各年级的学生，这种评价方法适用于绝大部分学科。就具体的设计过程而言，教师可以根据自己确定的评价目的，灵活地选择具体的评价对象。如果将建立的目的确定为促进家校沟通，向家长展示孩子的成绩，那么，评价对象就应包括班上的所有学生（且必须收集学生的一系列作品）；如果建立档案袋只是为了收集某一特定教学内容的反馈信息，进而做出教学诊断，那么，只要收集一部分学生的信息即可。

4.确定收集的材料

档案袋中究竟应收集哪些材料呢？这取决于我们的评价目的。如果我们的目的是"展示"，那么，只要收集学生最满意的作品即可；如果我们的目的是"反映学生的进步"，那么，档案袋中既要收集过程性作业，又要收集结果性作业；既要收集学生的校本作品，又要收集其他一切可以描述学生进步的材料（如观察记录、他人的评价、测验试卷等）；同时，学生的自我反省和自我评估材料也可放入其中。

（三）档案袋的特性

档案袋具有目标性与计划性、成长性与表现性、整合性与多元性、主题性与反思性等特征。

1.目标性与计划性

教师依据地理课程标准和具体教学目标计划，有组织、有目的地要求学生收集一系列表现或作品，以展示其能力和进步。"档案袋"不仅是装满材料的容器，更是系统、有组织地收集相关证据，以监控学生在某一特定学科领域中知识、技能与态度的发展。

如果创建成长记录袋的目的是展示学生的最优成果，收集的内容应该是学生认为最满意或最重要的作品；如果创建成长记录袋的目的是描述学生在某一时期内学习与发展的过程，发现其优势和不足，收集的内容就不仅包括学生的最终作品，还要把过程性的东西（如一篇文章的草稿）也装进去；如果创建成长记录袋的目的是评估学生学习与发展的水平，收集的内容就要结构化或半结构化，即其中有些东西是统一要求的，以便于在不同学生之间进行比较。

2. 成长性与表现性

档案袋关注学生的成长过程，强调形成性评价与表现性行为，既注重学习结果，又注重学习过程。档案袋的基本成分是学生作品，主要收集学生在学习过程中完成的各种作品（如作业、论文、手工作品、表演录像等），用于展现学生的努力、成就与进步，描述学生学习的过程与结果。学生作品是重要的评价信息来源，是构成档案袋内容的主体。与传统评价方法相比，它更能显示学生的成长历程、进步与成就。

3. 整合性与多元性

档案袋依据课程目标与计划，系统有效地收集学生的各式各样的、有代表性的学习成果，它重视教学与评价的有机整合，强调评价本身就是教学，两者不可分离。档案袋多元化评价体现在：评价主体多元化，教师、学生本人、同伴、家长等都可以参与评价；评价的内容多元化，档案袋内容可以是学生测试试卷，还可以是实验报告、小论文、小制作等。

4. 主题性与反思性

档案袋最好采用文件夹的形式，档案袋内包含多个主题。学生在日常的学习过程中，围绕设计的几个主题有意收集资料。无论是为展示最佳成果而设计的档案袋，还是为描述学生学习过程而设计的档案袋，都非常重视学生在档案袋创建和使用过程中的参与，尤其是学生的自我评价和反思。实际上，"反思本来就是档案袋设计的关键"。在自我评价和反思的过程中，学生依据标准和要求评价自己的作品，反思自己的学习过程，从而发现自己的优势和不足，形成追求进步的愿望和信心，明确改进的目标和途径，逐步提升学生自我评价、自我选择、自主成长的能力和品质。

（四）档案袋评价的分类

对档案袋评价，不同的角度有不同的分类。根据美国南卡罗来纳大学教育学院教育心理学教授格莱德勒的理念，以档案袋的不同功能为标准，可以把档案袋评价分为理想型、展示型、文件型、评价型以及课堂型，具体参考表7-1，其中最有代表性的是理想型。

表7-1 档案袋评价的分类

类 型	构 成	目 的
理想型	作品产生和人选说明、系列作品以及代表学生分析和评价自己作品能力的反思	提高学习质量,通过一段时间的成长,帮助学生成为自己学习历史的思索者和非正式的评价者
展示型	主要由学生选择出来的自认为最好的和最喜欢的作品集。自我反思与自我选择比标准化更重要	给由家长和其他人参加的展览会提供学生作品的范本
文件型	根据一些学生的反映和教师的评价、观察、考察、轶事、成绩测验等而得出的学生进步的系统性、持续性记录	以学生的作品的定量和定性评价的方式,提供一种系统的记录
评价型	主要由教师、管理者、学区所建立的学生作品集。评价的标准是预定的。	向家长和管理者提供学生在作品方面所取得成绩的标准化报告
课堂型	由三个部分组成:①依据课程目标描述所有学生取得的成绩的总结;②教师的详细说明和对每一名学生的观察;③教师的年度课程和教学计划及修订说明	在一定情境中与家长、管理者及他人,交流教师对学生成绩的判断

其中,理想型档案袋设计的意图,在于帮助学生对自己的学习历史进行思考,并进行非正式评价。它由三部分构成,即作品产生过程的说明、系列作品、学生的反思。作品产生过程的说明是学习计划产生和编制的文件记录,展现学生选择计划时的理想;系列作品是学生在完成学习计划中创作的各种作品,表明学生取得成就的广度和范围;学生的反思记录,是学生充当批评家描述自己作品的特征、自己在成长过程中的进步、实现的目标等,培养学生自我反思和自我教育的习惯。

档案袋评价具有极大的灵活性。它的具体构成可因不同的使用目的、档案袋要提交的对象和学生的具体情况而不同。档案袋的使用要有目的和精心设计,要伴随着一系列课程和教学观念、评价观念乃至学生观的变革而变革。

第四节 多主体的学生评价方式

新课标提倡改变学生评价主体单一的情况,倡导多主体的学生评价方式。对于学生评价而言,除了教师这一被熟知的主体之外,学生和学生家长也应该成为评价的主体之一。以学生家长为主体的评价，通常都是家长对自己的孩子进行评价；而以学生为主体的评价，则可以分为学生自评和学生互评两种方式。

一、家长评价

（一）家长参与课程评价的必要性

1. 家长参与课程评价有利于新课标的实施

新课标实施的阻力往往来自对相关理念的不理解或误解。因此，如果能邀请家长参与高中地理课程评价，则可以增加学校与家庭之间对话的机会，促进家长对学校的理解，有利于降低新课程实施过程中来自家长的阻力。在课程实施中，家长是重要的教育资源，邀请家长参与评价活动，将能极大地丰富教育资源，促进学校与家长、社会的沟通和交流，争取更多的社会支持。

2. 家长参与课程评价有利于教育教学质量的提高

第一，家长参与课程评价有利于促进学生学业的成功。学生学业的成功不仅依赖校内的教学互动情况，还受校外因素的影响。家长参与孩子的教育越多，学生越能体验到成功的乐趣。第二，家长参与课程评价有利于教师改进工作。学生常常会将对学校、教师、同学的看法告诉家长，家长在参与过程中提出的想法、意见和建议对教师工作的改进有着重要的参考价值。同时，家长参与课程评价可以为教师提供有关学生发展状况的信息，增强教师对学生的全面了解，促进教学的改进。

（二）家长参与课程评价的策略

家长参与高中地理课程的学生评价，可以从社会、学校、教师三个层面展开思考。

1. 社会层面：为家长提供参与保障，营造参与氛围

首先，为家长提供参与课程评价的政策保障。只有从政策上确定家长参与课程评价的权利与责任，才能充分调动家长参与的积极性，实现真正地参与。目前，我国还没有专门保障家长参与课程评价的法规制度，有关内容只是在一些法规中泛泛提及，缺乏具体化和可操作性。对此，我们可借鉴国外

的经验和做法，结合我国国情，制定具体可行的条例和标准，规定家长参与的权利、范围，应承担的责任和义务等，使家长参与课程评价活动有规可依、有章可循。

其次，为家长提供参与课程评价的组织保障。政策的实施需要健全的组织机构保障。国家可成立"学生家长参与学校教育研究中心"，各地也应成立相应的机构，吸收社会各界人士参加，从而展开对家长参与课程评价的研究与宣传，特别是在社区一级，可设立"家长教育联合会"，负责协调家长与学校、教师之间的关系，为家长参与课程评价提供指导和帮助。

最后，加大研究与宣传力度，营造良好的参与氛围。国家或教育主管部门应重视和加强家长参与课程评价研究，为家长参与提供有力的理论支持。《基础教育课程改革纲要》强调，要"积极发挥新闻媒体的作用，引导社会各界深入讨论，关心支持课程改革"。因此，媒体可采取专家讲座、家长和教师访谈等方式加强宣传，也可借鉴台湾经验，开办"家长学苑网"，通过网络对家长进行教育，形成家长参与课程评价的良好社会氛围。

2. 学校层面：为家长参与课程评价提供实质性条件

首先，成立组织，建立机制。虽然我国很多地方成立了"家长委员会"，但真正发挥作用的很少。学校应制定切实可行的工作方案，提供必要的条件和帮助，以建立吸引家长参与的机制。比如，把家长对学校教育工作的评价列入学校的考核指标，其中包括家长对学校课程的评价，使家长参与课程评价落到实处。

其次，对家长进行培训。当前，几乎每所学校都设有家长学校，但由于师资匮乏、经费紧张、教学的内容和方式不切合实际以及家长自身条件的制约，许多家长学校形同虚设。学校应转变思路，确定科学的教育内容，采取多样的教育培训形式，根据家长的实际情况合理安排上课时间，对家长进行一些实用的教育学、心理学知识培训，不定期聘请相关专家学者举办专题讲座，提高家长参与课程评价的信心和能力，释放由于缺乏成就感而带来的压力。

最后，提供多样化的参与方式。由于家长的教育程度、职业背景、社会身份不同，参与课程评价的能力、期望以及时间和精力也会各异。学校应充分考虑到以上因素的差异，建立多样的参与方式和途径，使具有不同背景的家长均能参与到课程评价中来。例如，学校可以开设家校热线、家长意见箱，采取便条、家访、电访、电子邮件等形式，开展"课堂开放周""教学开放日"等活动，为家长参与课程评价提供方便可行的途径。

3.教师层面：加强联系沟通，引导家长参与

第一，完善家长会制度。目前的家长会形式呆板、方法单一，教师讲得多，给家长提的要求多，告状得多；让家长说得少，教师表扬的少，交流研究问题的少，导致家长特别是学习困难学生的家长不愿参加或被动参加。为此，教师应根据班级工作的需要和家长的实际情况合理安排时间，明确会议主题，以家长和学生为主角，加强交流与沟通。组织形式要活泼、充实、生动，通过参观、讨论、汇报演出等多种形式，营造和谐、友好、轻松的氛围，构筑交流的平台。家长会要注意分层次，针对不同的学生及家长，分层召开家长会，增强针对性、实效性，真正使家长会成为对话交流的平台，使家长参与的兴趣和信心增加。

第二，利用好家访。家访是实现沟通、争取家长的理解和支持、促进学校和家庭形成教育合力的有效途径。家访作为一种面对面的交流沟通方式，有着不可替代的重要作用。在家访中，教师可根据不同家长的情况，进行有针对性的沟通。教师不仅可以就学生的学习成长与家长交流，还可以通过指导家长检查孩子的作业，传授家长与孩子、教师沟通的技巧等方式来帮助家长提高参与能力。通过家访，向家长传递课程改革和参与课程评价的理念、范围、方法和要求等信息，使家长了解课程评价，认识到参与的意义，增加参与的信心。

二、学生自评

（一）学生自评的基本内涵

课堂学习是学生在教师的指导下有目的、有计划、系统地掌握知识、技能和行为规范而进行的课堂活动。学生的自我评价是新课程发展的学习评价方法之一。学生在课堂学习中的自我评价，是指学生根据一定的标准去观察、分析和判断自己的学习，自我监控和调节自己的学习活动。其实质是学习主体的自我反思，对他们的学习意识和学习行为进行自我调节、自我感知。自我价值的评价是学习者的心理需求的核心内容。持久、积极的自我评价可以促进学习者个性特征的稳定性和完整性的形成。为了自我生存和发展，学生采用内部和外部的参考比较法，以他们在参与的群组地位、重要性和自我发展的心理需求的能力为依据，个人在学习过程中自我发展各种行为

和认知过程的心理和情感体验。

自我学习评价是学生的自我肯定和可持续发展的需要。学生作为主要的感情价值学习者，一方面，寻求满足自我发展的需要；另一方面，通过自学和成就得到满足。自我反省是重建或重组的经验，因此获得有意义的经验和能力，以指导后续的经验，从而使学习者认识到自己的表现，以完善自己的后续表现。自我监控是学习者对学习中的自我评价进行研究，它是一个行动的反思，让学生根据自己的独立观察，思考和判断所发生的变化，并在此基础上进行监督和调控。因此，自我评价，更多的时候标准是内在的，自我控制能力也更有可能成为改善学习过程的一部分。

（二）学生自评的原则

1.指导原则

虽然新课标要求学生具有评价的权利，但是，这并不意味着让学生独立完成评价的过程。学生本身由于生理和心理发展还不够成熟，他们的自我调节、自我教育水平有一定的局限性，看待事物具有片面性和主观色彩，不能够做到理性分析事物。实践证明，学生自我评价过程中适当的自我评价手段和方法较为有限。所以，教师对学生的自我评价的指导是十分必要和迫切的。

2.主体原则

主体原则是在充分发挥学生主体性评价的基础上，教师适当地参与到评价活动中来，主角仍然是学生自己。教师引导学生发挥其主动性，尽量避免教师一概代表学生的情绪、行为，在评价中，并切忌将自己的个人意识强加在学生身上。

3.激励性原则

为了获得更高的学习效率，学生在学习过程中成功经验的累积是十分重要的。评价结果可以反过来调节教学方法和教学过程。所以，在教学中渗入教师对学生的适当鼓励，言不过其实，可以提升学生自我效能感，达到评价的目的。学生获得成功的经验后才会积极地参与到课堂活动中去。学生之间差异性很大，他们的衡量标准并不是一致的，了解学生的特点是适度评价、鼓励学生的前提，教师应从学生学习活动中的点点滴滴入手，及时肯定学生每一点小小的进步，长此以往，学生才会建立自信，形成正确的自我认识和自我评价。

4.动态原则

动态原则是指学生本身的学习活动就是一个动态过程，伴随学习活动的自我评价自然也是发展变化的。对于学生本身来说，他们的年龄、身体和意识形态在不断地变化，评价的客观环境如评价体制，评价标准、方法和形式也处于动态变化的过程。学生和教师在学生自我评价活动中要有这种动态变化的意识，时刻关注变化的新动态，随时调整评价的内容、方法和理念，教师剖析自己的指导方向，学生反思自己的学习动态过程。

（三）学生自评的内容

1.学生提出问题和解决地理问题的能力

对于学生提出问题和解决问题能力的自我评价，科研以实际的教学情境为例。例如，在教学"工业的区域分析"时，首先提供相关资料和信息。

（1）同学们所在的小区周围有工厂的分布吗？这些工厂为什么会建在哪里呢？你对工厂选址有哪些疑问？

（2）对比上海宝钢集团的分布图与马鞍山的鞍钢集团分布图，分析两个工业区域分布的原因，提出你的问题。

（3）根据案例总结发展工业的理想区位，就理想区位提出自己的想法和疑惑。

（4）分别从时间和空间两方面分析影响工业布局因素的变化，请你举例说明并和大家讨论你在思考这个问题中所遇到的困惑。

接着，让学生利用上述信息提出问题并解决问题，学生提出的问题可能不尽相同。"为什么选取厂址往往要靠近原料、能源基地？"与"厂址的选取过程中要考虑靠近能源和原料基地，这方面的因素对哪些工业区域的影响显著？"通过学生的判别和讨论，来评价自己和同学提出地理问题与解决问题的差别。

2.学生掌握科学方法和探索性活动水平的自我评价

学生掌握科学方法和探索性活动的水平首先表现在学生能否分析、综合、详细比较地理事物，全面观察事物和现象的地理区域方法是否适当和能否有效应用，是否具有科学的态度和大胆的想象。其次，探索活动水平也表现在学生地理活动参与程度的评价过程中。一方面，学生自我的记忆和技能熟练使用是否准确；另一方面，也应注意学生要学会成熟使用观察和评定量表法的自我评价。例如，学生自评包括观察方法的使用水平和地理比较探究活动的合理使用。学生探究活动的观察和有效使用地图的能力和是否有条理，一步一步仔细观察地图，学生确定地区，并确定地理项目是否合理，得出的结论是否正确。将这些评价归类，让学生对号入座，长期录入学生的成长记录袋，以帮助学生长期地、科学地掌握自己在地理学习中表现出来的优势和不足，使学生在今后的学习中更进一步地发挥所长，弥补缺陷。

3.学生在地理学习中所形成的情感、态度和价值观的自我评价

观察学生日常行为和学习活动中的表现，收集评估资料，在提供有针对性的评估的基础上，对学生在地理课堂中的情感、态度和价值观做出判断。例如，学生本身对于地理学科的兴趣和好奇心；学生将能够体验到的地理价值和现实生活密切接触的地理，以及不同的自然环境的审美能力和对地球与社会的责任。评价中引导学生自我参与评估过程，如在爱国和审美情趣与价值观的评估过程中，教师只能起到指导作用，而不是通过简单的观察和测试评价学生的情感。

由于情感、态度与价值观的评价不易把握，所以教师可以为学生设计一些相关的自评表，让学生在自我评价时能够有一些参考，这样也可以使评价的结构更为直观。以情感、态度自我评价为例，可设计如表7-2所示。

表7-2 在地理活动中表现的情感、态度评价要点

情感态度	强烈	一般	无
兴趣			
好奇心			
探索欲			
投入程度			
合作态度			
意志力			
进取心			
团结合作			
自信心			

（四）学生自评的形式

1.即时自评

即时自评或称日常自评、作业自评等，这种自评是学生在地理学习过程中进行的，如学生完成一项实验、一次野外调查活动后，可就学生前期准备情况、实施过程中遇到的问题、问题产生的原因、活动或实验的结果等进行反思，做出评判，并提出改进建议。由此可见，即时自评的内容主要是针对某一项作业或任务来制定的。学生的自我评价应附在作业之后，与作业一道存入个人地理档案袋。

2.总结性评价

总结性评价是在一个阶段的地理学习结束后进行的。通常是一个学期或学年结束后，教师将地理学习档案交给学生，学生重新翻阅自己以前的作业，对自己一段时间以来各方面所发生的变化进行反思和评判。相对即时评价来说，总结性评价涉及了学生学习发展的方方面面。

无论哪种形式的自评，学生在运用中都要防止流于形式。如有的学生在每次作业自评时总是"通过这次作业，我发现自己还有很多知识没有掌握，以后我要好好学习"几句话，这种应付差事的、过于笼统的套话，不具有任何实效性。为了杜绝此类现象的发生，充分发挥自评的积极作用，地理教师在评价前，其一要让学生明白地理学习评价的目的是考查和检验和提高。评价既是对学生地理学习的考查与检验，又是对教师地理教学的考查与检验，其最终目的是发现学生地理学习中的困难和不足，帮助师生在今后的教学过程中采取有效措施，提高教与学的效率，从而消除学生的后顾之忧。其二，地理教师要给学生提供评价标准，让学生对照标准对自己的学习态度、行为状态和学习成果等进行评价。参照标准逐条反思，学生会对自我有一个清楚的认识，否则就会出现应付差事的现象。

三、学生互评

（一）学生互评的基本内涵

地理新课程标准倡导学生参与地理学习评价，鼓励学生之间的互评。同处于一个班级中的学生一起学习，日常交往较多，彼此了解，吸收他们参与评价保证了评价结果的客观、公正。学生互评作为同级评价，其评价角度与教师评价这种上级对下级的评价是不同的，尤其在大力提倡合作学习的今天，地理学习中的很多任务和作业都是以小组的形式完成的，任务能否圆满完成、作业质量的高低，很多时候都依赖小组内部成员之间的交流与合作的程度。随着交流次数的增加，学生之间也更加熟悉和了解，特别是对情感、态度、价值观等情感领域目标的评价，他们通过亲身体验得到的评价信息，要比教师依靠观察得到的信息更为客观、可靠，如对学生环境保护意识的形成状况的评价。教师只有通过问卷，分析学生有无环境保护意识和观念及保护环境意识的强烈程度如何，再通过日常观察学生有无攀折学校花草、是否随地吐痰等行为来评价学生是否真正具有环境保护意识和习惯。但教师毕竟不能时时处处跟着学生，有的学生可能在教师面前表现得好，一旦离开教师，在无人监督的情况下就会出现破坏环境的行为，如此一来，教师获得的评价信息就不准确。因此，学生能否做到"慎独"，是评价其是否真正形成环保意识的关键。在这种情况下，利用学生互评就会使评价较为准确、客观。

学生之间的互评既是相互评定的过程，又是学生之间相互学习的过程。通过互评，学生可以更加清楚地了解他人的优点和长处，以便更好地学习别人，改进自己的学习。但如果利用不当，也会产生消极影响，如学生之间因彼此厌恶、不和或互不服气，或过分注重成绩和等级，而使评价成了"挑错"和"指责"，不但不能达到互相学习的目的，反而使同学之间关系紧张。因而，在互评时，教师应注意调整和端正互评双方的态度取向，讲清评价的目的和意义，在评价中淡化等级和分数，淡化学生之间的相互比较，强调评价对地理作品的描述和体察，强调品评与反思，使评价只对"事"不对"人"，努力使互评产生正向效应，防止消极影响的产生。

（二）学生互评的形式

1. 两个学生之间

两个学生之间的评价可以是同桌之间或者非同桌之间的评价，这种形式要求两个学生之间通过互相观察对对方的学习表现做出相关评价，其实施具有十分便捷的特点，教师可以在课堂上抓住比较适合的时机，指导学生及时进行互评。

例如，一些简单的地理示意图，学生通过作图来掌握知识之间的联系，学生可以在纸上作图，然后在实物投影上投影，或者上黑板作图，完成后由其他学生来评价。评价可以从以下方面来进行：有无错误、效果怎么样、作图能力怎样、知识的联系程度如何等。后面评价的学生可以评价前面所有的同学的表现。学生可以表扬，可以指出错误之处，在这个互评的过程中体验学习的乐趣，从而利于学生主动掌握知识。这是一个理解知识的过程，而不是一个死记硬背的过程。

2. 组与组之间

分组学习是常见的一种学生自主共学的形式。教师可将全班学生分成若干组，安排组内各个成员之间进行互相评价，最后达成共识。在组内成员互评的基础上，组和组之间也可以相互评价，体现竞争与合作。建立这种形式评价首先要制定好互评准则，确立好有关评价的各个要素，让所有学生在同一标准下进行评价，相对地体现出评价的公平性。

以讲题为例，具体操作参考如下：

首先根据综合题题目的数量，将学生分成几组，分组的方式有多种，有时按宿舍分组，有时按座位分组，有时随机分组……每组选出自己的组长，这个组长需要上讲台，通过多媒体或实物投影的方式向大家讲解题目，然后用抽签的形式决定回答哪一道题目。学生拿到自己的题目后，针对每个题目的答案进行激烈的讨论、斟酌，在讨论的氛围中大家各抒己见，畅谈自己对题目的理解，在这个过程中组内成员相互争辩、讨论，最后总结出一个组内成员都认为很满意的答案。学生的思考、知识点对与错的碰撞、知识的复习巩固、学生思维能力的提高、学生感情的增进、学生分析问题能力的提高、学生答题的规范等，都会在这个讨论的过程中体现出来，对学生学习上、能力上都是一个很好的助力方式。

接下来，按照抽签的顺序，组长依次上讲台评讲。然后由其他组进行抢答，并对其做出相应的评价。整个抢答的过程很激烈，学生的兴趣很高，锻炼了学生快速思维的能力，有助于学生在快乐中学习、在快乐中成长。同时，也锻炼了学生的语言表达能力，加强了组内成员之间的团结互助精神，形成了一种良性的学习竞争氛围。

（三）"学生互评"下的教师行为策略

1.创设评价环境

在课堂上，教师给学生充足的展示空间与时间，并给他们相应的评价，进行肯定与鼓励，让学生都能有自己的发展。而在课堂上只有教师的肯定是不够的，同学们有意无意中都会加入学生之间的相互评价。例如，在我们的课堂上每当学生起来回答问题后，对于学生的答案是否正确、回答是否规范，教师的第一动作并不是直接评价，而是问"他回答的对不对？你们有什么意见吗？"等。

2.激发学生的评价兴趣，让学生感受到认同感

教师对学生的评价应该是肯定性、鼓励性的，这样学生会更加有兴趣，能让学生感受到教师的认同。但这是不够的，学生更多时候是希望得到其他同学的认同。这种认同感很重要，所以教师在引导学生进行相互评价的时候，首先要让其他学生认同被评价者，这种认同可以是语言、态度等，然后再对他的问题解决方式进行评价。

3.引导学生从多方面去评价

教师在课堂上要注重培养学生相互评价的规范化，增加学生相互评价的激励性效果，引导他们不仅从知识掌握和理解上对他人进行评价与肯定，还要关注这一学生在回答问题、课堂规范、语言组织等方面的优点，给予更加具有鼓励性的评价，如可以通过眼神、动作甚至语言来肯定他、鼓励他。当一个学生回答不出问题时本身就已经很尴尬了，这时候再感受到其他人的漠视压力会很大，这时学生可给予他一个鼓励的行为，如会的学生可以帮助回答，同时加些鼓励的话语："老师，我觉得他可能还没想清楚，不知道怎么表述，我来帮帮他。"这样，这个学生应该会相当感动，也会产生一种对学习的欲望。当然，这些都需要教师去构建一个课堂生生互评的模式。

学生互评机制最大的目的就在于让学生发现同学的闪光点，提高学生主动参与学习的意识，调动学生学习地理的积极性和主动性，促进学生反思。同时，互评的过程也是学生之间互相学习和交流的过程，使学生能更清楚地认识到自己的优势与不足，有利于学生更全面地认识自我。学生在互相评价的过程中提高学生的鉴别、判断能力，使学生相互激励、相互提高。

参考文献

[1] 王凯．发展性校本学生评价研究 [M].上海：华东师范大学出版社，2009.

[2] 林成策，程菊．走进高中地理教学现场 [M].北京：首都师范大学出版社，2008.

[3] 姜慧．浅谈新课改下高中地理教学的应用策略 [J].中国新通信，2020，22(3)：219.

[4] 余利芳．学习新课标，助力新课改 [J].中学地理教学参考，2020（2）：20-21.

[5] 戚峰．新课改下高中地理生活化教学初探 [J].中国农村教育，2019（32）：86.

[6] 项顺如．新课标催生高中地理教学方式方法的转变 [J].华夏教师，2019（28）：17-18.

[7] 杨海霞．新课标背景下的高中地理课堂——《滑坡和泥石流灾害》评课稿 [J].教育现代化，2019，6（66）：211-213.

[8] 李贵民．基于新课标下的高中地理有效性教学应用分析 [J].科学咨询（教育科研），2019（7）：146.

[9] 吴连香．新课改下提升高中地理教学水平的有效措施 [J].华夏教师，2019（14）：71-72.

[10] 王晓波．新课改背景下高中地理课堂教学方法的创新 [J].中国农村教育，2019（6）：92.

[11] 王磊.新课改背景下高中地理课堂教学策略研究[J].华夏教师，2019（6）：50.

[12] 郭晶晶.新课标下高中地理区域认知素养的组织策略[J].亚太教育，2019（2）：60.

[13] 周敬雯.基于地理学科核心素养下的高中地理案例教学综合研究[J].科学咨询（教育科研），2020（11）：60-61.

[14] 刘晓恒.基于综合思维能力培养的高中地理乡土案例教学设计研究——以广州市"工业地域的形成与发展"（第一课时）为例[J].科学咨询（教育科研），2020（11）：24-25.

[15] 郭素荣.基于微课的高中地理分层教学探究[J].科学咨询（科技·管理），2020（11）：227.

[16] 孔凡哲，王婷婷.高中地理学业质量标准实施的现状调查与对策建议——基于湖北省部分市州的调研与分析[J].教育测量与评价，2020（11）：15-21.

[17] 张西童.建构主义学习理论在高中地理教学中的应用——以"工业区位因素及其变化"为例[J].科学咨询（教育科研），2020（10）：234.

[18] 林晓欣.基于抛锚式教学的高中地理教学设计研究——以"自然界的水循环"为例[J].科学咨询（教育科研），2020（10）：236.

[19] 欧善国，何善波，谢维斯.地理核心素养视阈下的问题式教学实践研究[J].科技传播，2020，12（18）：55-60.

[20] 杨庚仁.新课改背景下高中地理教学方法探究[J].华夏教师，2019（5）：45-46.

[21] 岳俊.新课改背景下的高中地理教学优化[J].中学地理教学参考，2018（18）：17.

[22] 高青，王李云.新课标"海洋水"内容变化分析及本土教学建议[J].中学地理教学参考，2018（17）：26-28.

[23] 王安邦.浅谈新课改下初中与高中地理衔接教学的思考[J].现代交际，2016（15）：197.

[24] 刘正平.再论新课改背景下高中地理课堂的优效教学[J].林区教学，2016（6）：82-83.

[25] 唐新凤.高中地理教学中案例教学法的应用效果评价[J].教育观察，2020，9（7）：8-10.

[26] 余利芳. 学习新课标，助力新课改 [J]. 中学地理教学参考，2020（2）：20-21.

[27] 黄冰林. 高中地理教学中培养学生区域认知素养的策略 [J]. 西部素质教育，2019，5（24）：76.

[28] 贺金龙. 浅析高中地理教学中的地图教学 [J]. 华夏教师，2019（26）：67.

[29] 周玉琴，黄小兰，高赛格，等. 高中地理问题式教学评价研究 [J]. 中学地理教学参考，2019（17）：55-58.

[30] 陆丽云，陆春芳，潘丽玲. 基于 SOLO 分类理论的高中生地理综合思维水平评价 [J]. 中学地理教学参考，2019（9）：49-53.

[31] 林达欣. 高中地理教学中学生区域认知素养的培养 [J]. 西部素质教育，2019，5（5）：65-66.

[32] 路一平，赵春子，董玉芝. 弗兰德斯互动系统对高中地理课堂的教学评价 [J]. 中学地理教学参考，2019（4）：16-18.

[33] 杨惠茹. 准确把握学业质量标准 落实地理学科核心素养 [J]. 中学地理教学参考，2019（1）：25-28.

[34] 吴柯月. 优化地理课堂学习评价 促进初中学生全面发展 [J]. 西部素质教育，2016，2（8）：191-192.

[35] 张冬梅. 高中地理教学如何建构多元化评价体系——以"水资源的合理利用"为例 [J]. 中学地理教学参考，2017（24）：28-30.

[36] 宋健，吕宜平，苏庆华. "生本化"高中地理课堂教学评价指标体系构建 [J]. 教学与管理，2014（28）：76-78.

[37] 杜宗勇. 新课程高中地理教学评价的研究——以必修（1）"宇宙中的地球"为例 [J]. 天津市教科院学报，2008（1）：79-80.

[38] 魏兴亮. 运用多元评价 提升学习积极性 [J]. 中学地理教学参考，2018（6）：31-34.

[39] 熊雪梅，陈俊英. 基于地理核心素养的"目标—过程—评价"三位一体教学 [J]. 中学地理教学参考，2017（21）：37-39.

[40] 李万龙. 导向核心素养的地理教学评价研究 [J]. 中学地理教学参考，2017（15）：53-55.

[41] 任毅，任国荣. 新课改下地理教师应具备的核心素养 [J]. 中学地理教学参考，2017（12）：59-60.

[42] 张洪钧.新课改背景下对地理教学评价的思考 [J]. 中学地理教学参考，2015（7）：40–42.

[43] 唐玉法.核心素养标准下地理课堂教学评价的多元化追问——以两节市级公开课评价为例 [J]. 中学地理教学参考，2017（23）：42–43.

[44] 侯永杰.过程性评价在高中地理教学中的应用研究 [D]. 开封：河南大学，2019.

[45] 佟柠.表现性评价在高中地理教学中的应用研究 [D]. 上海：华东师范大学，2019.

[46] 董艳玲.基于新课标的探究式教学模式应用类型研究 [D]. 大连：辽宁师范大学，2020.

[47] 郭薇.新课标背景下高中地理课堂教学目标设计研究 [D]. 大连：辽宁师范大学，2020.

[48] 陈丹.地理信息技术在高中地理教学中的应用 [D]. 石家庄：河北师范大学，2020.

[49] 曾广伟.基于新课程标准的高中地理新教材（必修 1）比较研究 [D]. 石家庄：河北师范大学，2020.

[50] 兰彩芳.高中地理教学三维目标整合的实践研究 [D]. 昆明：云南师范大学，2020.